穿越中國五千年❹

東漢
三國

歪歪兔童書館 著繪

中華教育

前言
讓歷史更鮮活、更可愛一些

張永江

本書審訂人

（國家清史編纂委員會專家，中國人民大學歷史學院教授、博導）

　　作為一個大半生從事歷史研究、歷史教育的專業人員，數十年來，有兩大問題始終縈繞在我心懷：許多人為之竭盡心力的史學有何價值？怎樣才能把紛繁複雜的歷史知識有效傳達給社會公眾，並成為大眾知識的一部分？這也可以説是歷史學者的「終極之問」吧。

　　所謂歷史，就是已經逝去的過往一切。沒有文字之前，人類記憶的保存和傳遞基本上只能依靠口耳相傳。那時，構成歷史的記憶，多半是家族、部落的先輩的經歷、經驗和教訓。有了文字，就有了儲存、傳承歷史記憶的「利器」。歷史記憶，對於家族、部落乃至民族和國家都極為重要，是凝聚認同感的主要依託。對於個人，歷史也同樣重要，往往表現為潛意識下的集體認同情感和外在的生命智慧，滋養豐富着個體的精神世界。毫不誇張地説，古往今來，凡是卓然超羣的偉大民族和深謀遠慮的傑出人物，無一不吸收並受益於豐厚的歷史經驗的滋養。

　　在古典時代，華夏中國數千年的文明綿續不斷，累積了獨一無二的

豐厚的歷史記錄，皇皇巨著「二十四史」就是中國作為史學大國的明證。我們不光擁有三千年連續不斷的歷史記載，擁有浩如煙海的史學著述，還形成了堪稱發達的史學文化。「以史為鑒」、「秉筆直書」等等，都是中華民族史學之樹長青的精神養料。當然，中國史學發展到近代，也存在着一個重大缺陷，就是百多年前梁啟超指出的傳統史學缺乏「國民性」，都是以帝王將相為中心的歷史。為此，他呼籲「史學革命」，為創建「新史學」不遺餘力。實際上，舊史學除了記錄內容有「帝王中心」的問題外，還存在「形式」過於「莊嚴」，脫離廣大民眾、高高在上的問題。

近代以來，隨着近代化浪潮的影響，中國的文化轉型為各領域帶來了變化。史學也開始由統治階級主要用於「資治」的「高大上」功能而定位於「廟堂」之上，逐漸放低「姿態」，全面容納社會生活；體裁上以西方史學為藍本的章節體史書，搭配淺顯易懂的白話文敍述，使社會公眾對史學有了更多的親切感。關心史學的人士也由過去狹窄的士大夫精英階層擴大到一般的知識界，並經由中學教科書體系連接到未成年人世界。這種改變當然是可貴的，但還遠遠不夠。歷史的普及教育仍然有一個門檻，那就是必須具備了中學以上學歷或識字水平才能進入歷史世界。這看似不算高的門檻，事實上將億萬兒童擋在了歷史殿堂之外。

現在面臨的一個重要的問題是，如何讓靜態的歷史鮮活起來，化繁為簡，讓「莊嚴可敬」的歷史更接地氣，趣味橫生？

前人已經付出了很多努力來探索這種可能性。早在清代，就已出現了通俗性的歷史讀本《綱鑒易知錄》。學富五車的梁啟超、胡適都是通

過這部書來啟蒙史學的。歷代都有人通過小說、戲曲、詩詞等藝術形式表現歷史，影響較大的如《三國演義》、《說唐傳》。近數十年，由專業學者編寫的普及性的歷史讀物覆蓋了歷史上的重大事件、人物傳記，人們創作了大量的連環畫來展現歷史，歷史題材的小說如《少年天子》、《雍正皇帝》，影視中的清宮戲，電視節目中的《百家講壇》等，更是令人目不暇接。但是，藝術表現的歷史，並非都是真實的歷史，歪曲、誇大、臆造、戲說的「歷史」所在多有。新形式不僅沒有幫助兒童獲取正確的歷史知識，兒童讀者反而因為缺乏鑒別能力而有可能被誤導。系統地、準確地、正確地向廣大社會公眾傳達真實的歷史知識，仍有待專業的歷史研究者努力。

史學知識普及的難點在於，難以兼顧通俗性與嚴肅性。通俗性要求讀者喜聞樂見，情節生動有趣。但傳統史學本身關注的內容毫無趣味，研究更需要嚴謹細緻，過程枯燥乏味。於是就出現了兩個極端：專業研究者謹慎嚴格，研究結果只在「圈內人」中傳播；社會公眾中的史學愛好者興趣盎然，對資料卻真偽不辨，良莠不分，傳播的只能是戲說的「歷史」。歷史產品的「出品方」雅俗分離，兩者漸行漸遠，普羅大眾更多接受的是後者。

可喜的是，近年來這種困境有了新的突破，就是專業史學研究者與業餘歷史愛好者雙方在編輯、出版者的撮合下走到一起，分工合作，面向廣大兒童、青少年推出了新型故事。首先試水的是「漫畫體」的歷史故事，以對話方式推進故事，受到學齡前後兒童和家長的喜愛，在市場上大獲成功。新文本雖然形式活潑，但內容也經專家審定，並無虛構。

歪歪兔的這套《穿越中國五千年》，可以看作是「漫畫體」的升級版，面向的是中小學階段的讀者。全書分十冊，涵蓋了從遠古到清代的漫長時期，按階段劃分成卷，完全符合歷史發展順序，可以視作「故事體」的「少年版中國通史」。敘事上，避免了以往歷史讀物常見的簡化版枯燥的「宏大敘事」問題，而是每冊選取三十個左右的歷史故事，通俗形象地展示這一時期的歷史概貌。

作為本書的審訂人，我認為這套書有以下特色和優點：

💡 **所採擷的歷史故事真實、經典，覆蓋面廣，屬大眾喜聞樂見、耳熟能詳者。**

　　本書由具有深厚史學功底的歷史學者、知名歷史類暢銷書作家合力撰寫，故事根據《左傳》、《戰國策》、《史記》、《漢書》、《資治通鑑》等歷史典籍編寫，參考最新的權威考古研究報告，以適合小讀者的語言進行講述，生動有趣地還原真實的歷史事件，讓歷史更加鮮活。每篇故事中的生僻字都有注音，古代地名標明現今位置，生僻官職名稱、物品名稱也有相關解釋，掃除了閱讀障礙。

💡 **編排設計合理，強調對歷史線的梳理，簡要勾勒出一部中國歷史大觀。故事之間彼此呼應，有內在的邏輯關係。**

　　本書精選的二百七十個歷史故事，基本涵蓋了中國歷史發展過程中重要的時間點和歷史大事件。小讀者通過這套書，可以清楚地了解到從

距今約七十萬年的周口店北京人到 1912 年清朝滅亡期間王朝的興衰和歷史發展過程。

💡 **內容豐富，知識欄目多，便於小讀者在學習歷史的同時，豐富文化知識，開拓視野。**

每一篇除故事主體外，還大致包含以下欄目內容：

好玩的副標題，激發小讀者的閱讀興趣。

知識加油站，選取與歷史故事相關聯的知識點，從文化、文學、科學、制度、民俗、經濟、軍事等角度，擴展小讀者的知識面，讓他們了解生活中方方面面的事物都是隨着歷史進程而發展、發明出來的，在增加歷史文化知識的同時，更直觀地理解古人的智慧和歷史的發展規律。

當時的世界，將中國歷史與世界歷史同時期的事件進行對比展示，開闊孩子的視野，培養孩子的全局觀。

💡 **文風活潑生動，圖文並茂，可讀性強。結合中小學生的實際生活，運用比喻、類比、聯想等手法敍事，幫助小讀者真正從歷史中獲得對實際生活的助益。**

時代在進步，文化也在按照自己的邏輯演進。新的世代有幸生活在「全球一體化」的文化交融時代，他們能夠並正在創造出超越前人的新

文化。歷史的海洋足夠廣闊深邃，充分擷取其滋養，豐富個人精神，增進民族智慧，是我們每一個歷史學者的志願！

2021 年 8 月 15 日於京城博望齋

目錄

穿越指南 ◖◖◖▶ 東漢三國

經歷了王莽新朝和一段時間的戰爭後，我們將進入到東漢三國時期。

這個時期，穿着繼續以深衣為主，與此同時，出現了很多種樣式的冠，有遊冠、綸巾、繡帽、皂帽、絮巾。不同階級的人會佩戴不同樣式的冠，有錢人一般會佩戴遊冠或皂帽，當官的人會佩戴繡帽，普通百姓則簡單地佩戴絮巾或綸巾。

吃的方面，東漢三國時期基本上和之前沒有甚麼區別。不過，你一定要嚐嚐當時的饅頭，咬上一口，咦，為甚麼會有餡呢？這是因為在東漢三國時期和往後的很長一段時期，都沒有包子這個詞，不論有沒有餡，人們都管它叫饅頭。據說饅頭的發明者就是大名鼎鼎的諸葛亮。

東漢三國時期有一些值得稱道的創舉，你一定要體會一下。首先，你會驚奇地發現，人們書寫文字可以不再用沉重的竹簡了，而是用上了紙，紙不但輕便，還非常便宜。這要感謝東漢的蔡倫改進了造紙術。

其次，你有沒有想過，古代人是怎麼看病的呢？傳說上古時期，神農氏為了幫人治病，嚐遍了百草。雖然神農嚐百草的故事只是一個傳說，但卻反映了當時人們治病的方式非常原始，就只是在田間地頭、深山老林裏找些草藥來醫治。到了東漢三國時期，出現了一個了不起的醫生張仲景。他編寫的《傷寒雜病論》可以說是一本醫學教科書，此後想當醫生的人可以通過學習這本書，在老師的指導下，成為一名醫生。在這個時期，還有

另一個醫生也比較有名，他叫華佗，可惜的是，他因得罪了曹操而被殺，他寫的書也被燒毀了，沒有流傳下來。你可以去拜訪他，向他學一種由他發明的健身操——五禽戲。你學會後，可以教你的爺爺、嫲嫲，讓他們身體更加健康。

東漢三國時期，杜詩發明了水排，使得當時的煉鐵技術提升了不少，煉出來的鐵更加堅硬，對提高農業生產的效率很有幫助。

最後，要提醒你一件事，東漢三國時期城裏是實行宵禁令的，除非有特殊原因，否則，只要宵禁時間一到，所有人都不得外出。每天晚上，城裏都會有士兵巡邏，如果你違反禁令，就會被當作刺客或小偷抓起來，輕一點會被打板子，重一點很可能就丟了性命。曹操還是小官吏時，有一次巡夜，發現朝中掌權的奸臣蹇（jiǎn，粵音 gin2）碩的叔叔違反了禁令，便將他抓起來，打死了他。

所以你一定要記住，宵禁後，千萬不要出門！

劉秀起兵

和哥哥做件大事

上一冊我們講到，西漢末年，王莽從劉氏手中奪取皇位，建立新朝後，不久就天下大亂。這時候，劉氏宗室的另一個成員重新統一天下，當上了皇帝，仍然以「漢」為國號，因為他把都城定在了長安東面的洛陽，所以後世把他開創的王朝稱為「東漢」。這位皇帝就是漢光武帝劉秀。

劉秀是漢高祖劉邦的第九代孫子。他家是南陽（今河南省南陽市）有錢有勢的豪門大戶，當時的人將這類人稱作「豪強」。這種豪強家族裏的孩子特別容易在鄉里橫行霸道，成為當地的一害。但劉秀卻是一個典型的聽話學生的模樣，他平時謙虛低調，對誰都溫和、友善，一天到晚勤勤懇懇種田，而且他還曾去長

安學習儒學，當過太學生。這使得他的哥哥劉縯（yǎn，粵音演）經常取笑他。

劉縯性格豪爽、不拘小節，整天不務正業，到處結交朋友，和朋友一起喝酒打獵，鬥雞走狗，到處惹是生非。這和當年的劉邦非常像。而劉秀呢，很像劉邦的哥哥劉仲，老實地埋頭種田。劉縯覺得弟弟沒有甚麼出息，以後只能跟在自己屁股後頭當個小跟班，自己吃肉，他勉強跟着喝點湯。

雖然劉縯經常取笑弟弟，但兄弟倆的感情卻一直很好。劉秀並沒有將哥哥的取笑當回事，他沒想過要建立甚麼驚天動地的大事業，最多也就是想在長安當個小官，要是能娶個門當戶對的漂亮妻子就更好了。在家鄉，劉秀認識一個大戶人家的千金，名叫陰麗華，她美麗、溫柔，又知書達理，劉秀很喜歡她。在長安時，劉秀又看到那些禁衛軍「執金吾」從大街上走過，一個個盔明甲亮，既威武又神氣，他不由得感歎：「當官要當執金吾，娶妻當娶陰麗華。」那時，劉秀肯定沒想到，他後來當的官可比執金吾要大多了，而且還真的娶了陰麗華。

本來，日子要是一直這麼過下去，劉縯、劉秀大概會安安穩穩過一輩子。不過外面的世道變了，王莽當上皇帝之後，拚命推行各種復古改革，再加上各種天災人禍，百姓們被逼得走投無路，只好紛紛起義。

這些起義軍當中，聲勢最大的有兩支：一支由王匡、王鳳領導，因為起義的地點在綠林山（今湖北省京山市大洪山），所以被稱為「綠林

軍」,「綠林好漢」這個詞也來源於此;另一支由樊崇領導,起義地點在今天的山東泰山一帶,因為這支起義軍故意把自己的眉毛染成紅色作為記號,所以被稱為「赤眉軍」。此外還有銅馬軍、青犢軍、尤來軍等形形色色的小勢力。

看到這種混亂的局面,劉縯、劉秀兄弟倆就商量說:現在到處兵荒馬亂,當務之急是組織起一支軍隊,就算不能建功立業,起碼也能保衛家鄉啊。就這樣,他們招兵買馬,拉起一支隊伍,並以家鄉舂(chōng,粵音終)陵為名,號稱舂陵軍。

舂陵軍剛建立的時候,實力還很弱,裝備也很差,劉秀作為首領甚至都沒有馬可以騎,只能騎着牛上陣。後來,他在一次戰鬥中殺死了一個騎馬的官員,才有了馬騎。

劉秀不論是帶兵還是處事,都講究公平。有一次打了勝仗,戰利品分配不平均,許多將士不滿,劉秀便把自己那份戰利品全都分給了大家,將士們這才高興起來,劉秀因此在軍中有了一些威望。

後來,為了生存和發展,劉氏兄弟率領舂陵軍投奔了綠林軍。這時候,綠林軍遭遇了瘟疫,很多將士都生了病,兵力折損了一半。劉氏兄弟的到來,使綠林軍的實力得到了一定程度的恢復。隨後他們連戰連捷,擊敗了王莽手下好幾位大將。

不久,綠林軍將領們開始商量:我們現在雖然勢頭不錯,但畢竟是各自為戰,太過分散,很容易被官軍各個擊破,所以我們得選出一個人來當皇帝,號令羣雄。

劉縯聽說後非常興奮,他早就在等這個機會。他覺得,論才能、戰績、名聲,自己在這羣將領當中都是頂尖的,這個皇帝的位子理所應當是自己的。可是劉縯沒想到,正是因為他能力很強,其他將領都對他又嫉妒又提防,於是便串通一氣,共同推舉另一位劉氏宗室劉玄當皇帝。

劉玄能力不如劉縯,性格也很懦弱,將領們推舉他只是因為他好控制。果然,劉玄參加登基大典時就出了洋相,他的膽子很小,看見下面有這麼多人,緊張得不行,他的臉憋得通紅,豆大的汗珠直往下落,連句像樣的話都說不出來。

劉縯在下面看到劉玄這個樣子，心裏別提多鬱悶了，可自己畢竟勢單力薄，也不好説甚麼。好在他的官職不小，他被封為大司徒，劉秀也被封為太常偏將軍。劉玄登基後號稱更始帝，這個政權從此被稱為「更始政權」，但對外還是號稱漢軍。

登基大典舉行後沒幾天，漢軍就接到消息：王莽派出大司空王邑、大司徒王尋來剿滅漢軍。他們從各州郡徵發大軍，浩浩蕩蕩殺來，企圖趁更始政權還沒成氣候，把他們一舉殲滅。這下無論是劉玄、劉縯、劉秀，還是其他將領，都坐不住了。大家都知道，這是事關生死存亡的一戰，所有人都暫時放下了恩怨，忙着做好抵禦官軍的準備，著名的「昆陽之戰」即將打響。這是歷史上著名的以少勝多的戰役，也是十分傳奇的一戰。

劉秀上的學，比大學多一「點」

劉秀上的是「太學」，是在漢武帝時期創立的。漢武帝採取董仲舒「獨尊儒術」的主張，在長安建立了這座學校，講解「四書五經」這類儒家典籍。學業突出的太學生可以當官。

▲太學授課的情況

當時的世界

21年，這時歐洲正處在羅馬帝國統治時期，發生了一次因為債務而導致的「高盧債務起義」，雖然這場起義很快就被鎮壓了，但是卻從側面反映出羅馬帝國對地方造成的經濟壓力。22年，劉縯、劉秀兄弟起兵。

昆陽大戰
不可思議的勝利 ··

前面我們講到，王莽派王邑、王尋集結大軍來剿滅起義軍，著名的「昆陽大戰」就這樣打響了。這一戰別說在秦漢時期，就是在整個中國歷史上都赫赫有名，因為這是著名的以少勝多的戰役，兩軍的兵力實在太懸殊了。

先說王莽派出的新莽軍，這是一支空前龐大的軍隊，足足有四十二萬人。不僅如此，王莽還從民間徵集了好幾百位高手，據說個個都深通

兵法，身懷絕技，其中有一個身高兩米多的「巨無霸」，號稱能驅趕虎、豹、犀牛、大象等猛獸上陣攻敵。

為了嚇唬起義軍，王邑還得意揚揚地誇口說：「我統領着百萬大軍，一路上見誰滅誰，現在就要把昆陽城守軍殺個一乾二淨，踩着滿地鮮血向前，前面軍隊唱歌、後面軍隊跳舞，可快活了！」那耀

武揚威的勁頭，真是要多得意有多得意。

　　新莽軍有四十二萬，駐守昆陽的漢軍有多少人呢？還不到一萬人。因此，守衞昆陽的漢軍人心惶惶。很多人想，我們就這麼點人，哪擋得住四十二萬大軍呀，乾脆逃跑算了。

　　就在這關鍵時刻，劉秀出來勉勵大家說：「我們合力抵抗，或許還有取勝的希望，如果真的散掉，就全得完蛋。現在大家不齊心協力，怎麼能守得住妻子、兒女和財物呢？」

　　劉秀的話穩定了軍心，隨後他讓王鳳、王常兩員大將守城，自己親自率領十二名騎兵，藉着夜色掩護，出城求援。

　　劉秀一行人前腳剛走，新莽軍後腳就來到了昆陽城附近。一名部將向王邑建議：我們可以繞過昆陽，先去進攻更始帝劉玄所在的宛城，等拿下了宛城，昆陽守軍自然會乖乖投降。王邑這時候卻驕傲得不知道自己姓甚麼了，他覺得自己手下兵力那麼多，用不着多此一舉，直接猛攻就完事了。

王邑派出大軍，把昆陽城圍了起來。他讓人立起許多十幾丈高的雲車，用來偵察城中的動向。一隊隊弓弩手向城裏射箭，射出的箭雨使天空都黑了下來。城裏的百姓為了不被射到，去井邊打水都扛着木板，就好像背着殼的蝸牛、烏龜一樣。

守城的人都急壞了，誰都不知道還能堅守多久，更不知道劉秀能不能請來援軍，便向新莽軍提出投降。可王邑、王尋卻不同意，他們覺得攻下昆陽輕而易舉，非得把守城的所有人統統殺光，好嚇唬其他起義軍，讓他們再也不敢反抗朝廷。

昆陽城被圍了好多天，因為城牆比較堅固，新莽軍一直沒有攻下來。這時，劉秀率領着一萬名士兵前來救援了。為了提振士氣，劉秀親自率領一千名騎兵當前鋒，向新莽軍側邊猛衝。

這一招還真管用。本來，將士們都覺得劉秀平時特別謹慎，甚至有些膽小，沒想到這一次如此拚命，大家受到了鼓舞，跟着劉秀一口氣斬殺了上千名敵軍。昆陽城的守軍見劉秀帶着援軍來了，戰鬥力還這麼強，頓時看到了希望，守城也更加頑強。

雖然暫時佔了上風，但是劉秀很清楚，漢軍的兵力還是遠遠少於新莽軍，仍然凶多吉少。現在最好的辦法就是擒賊先擒王，猛攻王邑的中軍。於是，他率領着三千騎兵，迂迴繞到新莽軍的身後，向王邑的中軍大營發起突然襲擊。

王邑、王尋沒想到劉秀會這樣做，再加上新莽軍雖然人數眾多，士兵們卻大多是七拼八湊起來的，各部之間並不熟悉，根本沒有甚麼配合，在突襲之下一下子全亂了，都只想着保全自己，跑的跑，逃的逃。

昆陽城中的守軍看到劉秀佔了上風，也趁機殺出城來。城裏城外的漢軍前後一夾擊，新莽軍更是大亂，士兵們互相擁擠着逃命，很多人都被推倒在地，被其他人活活踩死。那些帶來的猛獸掙脫了韁繩，見人就咬。這時天上突然颳起了大風，緊接着就是暴雨傾盆，好像老天都在發怒。新莽軍的士兵更是害怕，爭先恐後想渡過滍（zhì，粵音字）水，結果數以萬計的人淹死在河裏。

這時，王尋已死在了亂軍之中，王邑根本沒法指揮軍隊，無論他怎麼

發號施令，都沒人肯聽。王邑知道大勢已去，只好帶着一批將領和親兵，踩着滿河的屍體落荒而逃。

戰鬥結束後，劉秀等人打掃戰場才發現，新莽軍丟棄的那些糧草、戰車、兵器、盔甲、珍寶，簡直可以堆成一座座小山，他們往城裏運了幾個月都沒運完，剩下的只好統統燒掉。

「昆陽之戰」就這麼結束了，漢軍大獲全勝，新莽軍慘敗而歸，王莽的末日越來越近，劉秀也因此一戰成名。

幾十萬大軍為甚麼拿不下小小的昆陽城？

漢軍在「昆陽之戰」中獲勝，一方面是因為劉秀作戰勇敢，另一方面是因為王邑、王尋瞎指揮，還有一個因素也很重要：古代的攻城戰本身就非常艱苦，進攻方的兵力就算超出防守方十幾倍，也很難在短時間內拿下防守方。因為雙方主要是在城牆上下交手，進攻方在城牆下站滿後，其他人只能在後方乾等着，根本插不上手，進攻方人多的優勢也就發揮不出來，時間一長，對需要後方供給糧草的進攻方非常不利。所以兵法上把攻城列為下下策，只有萬不得已的情況下才會去攻城。

當時的世界

23 年，「昆陽之戰」爆發。當時的歐洲處於羅馬帝國統治時期，在位的羅馬皇帝是提比略，後來卡利古拉繼承了他的皇位（37—41 年在位）。卡利古拉是個很殘暴的皇帝，處死過很多大臣，還大肆搜刮百姓的財富用來揮霍。他甚至把自己當成神，要求把國內所有神靈雕像的頭部都換成自己的頭像。他的祖母曾經勸他不要這麼囂張，他卻回答：「我可以用我想用的方式對待任何人。」大家都受不了他的胡作非為，最後，一名近衛軍官刺殺了他。

光武中興

新漢朝要有新氣象

「昆陽之戰」勝利了，劉秀一時間名滿天下，人人都稱讚他有才幹。可是沒過多久，劉秀就遭到一個重大打擊：更始帝劉玄擔心劉縯、劉秀兄弟倆勢力壯大，會影響自己的地位，於是找藉口殺死了劉縯。

這個消息好像晴天霹靂一樣，讓劉秀從人生的巔峯一下跌到了谷底。劉秀想起自己和哥哥一同度過的少年時光，傷心得不行。可是傷心歸傷心，他的腦子卻一點都沒有亂。他急忙返回宛城，向更始帝劉玄謝罪。

劉秀在劉玄面前根本沒有提及自己昆陽大捷的功勞，甚至都沒有為哥哥服喪，他還是和平時一樣，就像甚麼事都沒發生過。

　　大家肯定會奇怪：劉秀為甚麼這樣做呢？這是因為他很清楚，現在不是一味傷心的時候，自己要是不這樣做，很可能也會被殺，只有咬牙活下來，以後才有機會替哥哥報仇。

　　劉秀的偽裝還真管用。劉玄看到他這個樣子，心裏反而有些慚愧，他覺得劉秀並不像劉縯那樣有野心，不僅放過了劉秀，還給他升了官、封了侯。

　　不久，劉秀娶了相愛多年的陰麗華，算是走出了人生低谷。

　　後來，更始軍攻入長安，殺死王莽，新朝算是覆滅了。但這時黃河以北還有很多起義軍不服從更始政權，更始帝劉玄便派劉秀去招降他們。

　　劉秀早就盼着擺脫劉玄，於是趕緊率領軍隊出發了。他連戰連捷，勢力不斷壯大，便開始不聽劉玄的了。劉玄這才明白：原來劉秀和他哥哥一樣，也想自己另立山頭，這還了得？

　　於是，劉玄封劉秀為王，讓劉秀回長安受賞，其實是打算讓心腹接管劉秀的兵馬。劉秀好不容易擺脫了劉玄，哪肯回去？他殺掉了劉玄的心腹，正式和更始政權決裂。

後來，劉秀佔領了整個黃河以北地區，又收編了幾十萬銅馬起義軍，實力大得已經可以和劉玄平起平坐了。

這時，劉秀手下的大將們就勸他也稱帝，劉秀卻一直推辭。後來各地出現了很多皇帝，連割據在偏遠地區的公孫述都當了皇帝，大將們更坐不住了，對劉秀説：「我們背井離鄉跟着您出生入死，如今就快要成就功業了，您卻一直拖着不肯稱帝，這樣會讓大家失望的，您不能違背大家的心願啊。」

劉秀故意又等待了一陣子，才正式稱帝，國號還是「漢」，後來把都城定在洛陽。洛陽在西漢都城長安的東邊，所以劉秀建立的漢朝被稱為「東漢」。劉秀是東漢的開國皇帝，史書上稱他為漢光武帝。

接下來的幾年，劉秀平定了很多割據勢力，他最大的對手劉玄卻成天飲酒作樂，後來被赤眉軍殺死了。

等到劉秀收服赤眉軍，平定了割據在西北的隗（wěi，粵音蟻）囂之後，整個天下只剩巴蜀地區（今四川省）的公孫述還沒被消滅了。

為了徹底統一天下，劉秀派出水陸兩支兵馬夾擊公孫述。陸軍從北往南翻越秦嶺，水軍從東向西沿長江逆流而上，過三峽進入蜀地。公孫述也知道論兵力自己比不上漢軍，但可以憑藉險要的地勢來抵抗。他徵調了大批百姓，在兩岸石壁上鑿孔、打樁，用鐵索並排連起許多木船，又鋪上木板，在江面上打造了一座浮橋，還在周圍的山上修建了很多關樓（古時瞭望用的小樓），想用這種方式封鎖長江，阻擋漢軍的船隊。

公孫述以為有了浮橋就萬事大吉了，可這卻難不倒漢軍。統領漢軍的大將岑彭很快想出火攻的主意。他讓將士們把絲絮、碎麻之類的易燃物繫在箭頭上，點燃後向浮橋射過去。

萬箭齊發，那些用來拼湊成浮橋的木船很快就着了火，加上江面上的風很大，火勢更加猛烈，整個浮橋頓時變成了一片火海，沒過多久就被燒斷了。蜀軍士兵要麼被燒死，要麼淹死在江中，漢軍船隊輕而易舉就突破了這道防線。

漢軍打到成都附近，公孫述率兵出擊，結果中了埋伏，被打得大敗，他自己也受了重傷，匆忙逃回了成都，沒過多久就死掉了。他手下的大將

們只好向漢軍投降了。

　　蜀地平定後，劉秀正式統一了天下，終結了從新莽末年開始的連年戰亂。為了恢復社會經濟，劉秀頒佈了一系列休養生息的政策。

　　西漢末年，土地兼併現象非常嚴重，百姓生活困苦。劉秀下令各州郡徹查每家每戶的人口和佔有田地的數量，罷免、懲辦了很多和豪強串通一氣的貪官。他還減輕田稅，徵收的田稅從十分之一減輕到三十分之一，大大減輕了百姓的負擔。

　　大家是否還記得王莽在位時胡亂發行的各種貨幣？劉秀把這些亂七八糟的貨幣統統廢除，重新鑄起了五銖錢。

　　經過這一系列政策的實行，百姓們的生活重新安定下來，東漢王朝一片欣欣向榮，歷史上把這段時期稱為「光武中興」。

 知識加油站 文化

漢代的說唱表演

　　東漢時，民間盛行類似「唱大鼓」的娛樂表演。表演者抱着個小鼓，一邊敲，一邊連說帶唱。這些表演者被稱為倡優，他們中的很多人都是侏儒，一般是達官貴人家裏的奴僕。這件「擊鼓說唱俑」表現的就是倡優表演時的情景，現收藏於中國國家博物館。

 當時的世界

　　光武帝劉秀在 36 年統一天下，57 年去世。他執政的這段時期被稱為「光武中興」。同樣是這段時間，西方的羅馬出現了一位殘暴的皇帝——尼祿。他在 54 年登上皇位，在位期間十分殘暴，殺死了自己的母親和幾任妻子，還處死了多位元老院議員，有「嗜血的尼祿」之稱。

馬革裹屍

一位老將軍的理想 ···

大家肯定聽過烈士的故事吧，人們經常用一個成語「馬革裹屍」來形容他們。它的意思是，戰士戰死沙場後，戰友們用馬的皮革把屍體包起來。這個成語出自東漢初期的名將馬援。

馬援的祖先是戰國時期趙國的名將趙奢。趙奢曾經被封為馬服君，他的兒子趙括被稱為馬服子。趙國滅亡後，他們的後代就把「馬」作為自己的氏。

馬援本來是隴西軍閥隗囂的手下。隗囂想聯合另一位軍閥公孫述，於是派馬援出使蜀地。公孫述架子特別大，又是盛大儀仗，又是各種煩瑣禮儀，馬援對他的印象非常不好，回去後就對隗囂說：「公孫述是『井底之蛙』，妄自尊大，您不如去聯合東邊的劉秀。」成語「井底之蛙」出自《莊子》，但是「妄自尊大」這個成語卻是馬援的原創。

於是隗囂又派馬援去見劉秀。劉秀接見馬援時，沒有一點皇帝架子，

兩人非常投緣，馬援說劉秀「很像漢高祖」。後來，馬援就投靠了劉秀，還幫助他平定了隴西。

　　劉秀統一北方後，繼續讓馬援鎮守隴西，負責抵禦西北的羌人。馬援在這裏立下了汗馬功勞，他曾經只帶三千士兵，就降服了八千多名羌人，繳獲了一萬多頭牲畜。

有一次，羌人佔據了險要位置，強攻很難攻下來，馬援就在正面擺出佯攻的架勢，吸引敵人的注意力，然後派出幾百名精銳騎兵繞到敵人的背後，趁夜放了把火，還令人擊鼓吶喊。羌人從睡夢中驚醒，聽到這麼大的聲勢，也不知道前來偷襲的漢軍有多少人，頓時都嚇破了膽，投降的投降、逃跑的逃跑，漢軍又一次大獲全勝。只是馬援因為身先士卒受了傷，小腿被敵軍的箭矢射穿了。劉秀知道後，特意派使者賞賜他數千頭牛羊，馬援卻將這些賞賜都分給了部下。

馬援在隴西鎮守幾年後，當地的邊患大大減輕，劉秀便把他調回洛陽當官。可是馬援剛被調回來，嶺南地區就發生了叛亂，劉秀趕緊任命馬援為伏波將軍，讓他率領軍隊去平亂。馬援到了嶺南沒幾個月就平定了叛亂，他每到一處都為當地修建城郭，開渠引水灌溉田地，又參照漢律，修訂了越人的律法，並向當地人普及法律知識。從此，嶺南越人和漢人的矛盾大大緩解，馬援修訂的律法也在當地沿用了很久。

後來，南方武陵郡的五溪蠻部落又一次發動叛亂，馬援這時已經六十二歲了。按理説，這個歲數早就應該退休回家了，可是馬援人老心不老，還是主動請求領兵南征。這讓劉秀既感動又為難，他覺得馬援年紀都這麼大了，身體怕是扛不住，就沒答應派他去。

馬援一下急了，對劉秀説：「臣還能披甲上馬！」當場就穿上盔甲，跨上戰馬，在劉秀和大臣們面前馳騁了幾個來回，身手果然不比當年差。劉秀笑着説：「老爺子，你還是這麼精神矍鑠（jué shuò，粵音霍削，形容人老而強健）啊！」便同意由他率軍出征。

大家可以想想，要是自己的爺爺一把年紀了還要上戰場，你們肯定會很擔心他吧？馬援的家人當然也是一樣。可馬援自己倒是很看得開，臨出征前，他對送行的家人們説：「國家對我有恩，我應該報答。現在我的年紀大了，剩下的日子不多了，我最害怕的是不能為國事而死，如今有了出征的機會，就算死了也能安心閉上眼睛。」

這次出征果然非常辛苦，南方氣候潮濕炎熱，瘟疫橫行，很多士兵都病倒了，而且互相傳染。馬援也得了病，但他依舊談笑風生，經常硬撐着出來察看軍情，許多士兵都感動得落淚。馬援自己卻毫不在意，他曾經説

過：「男人就應該死在邊疆荒野，用馬的皮革裹着屍體運回家下葬，怎麼能躺在牀上，死在兒女們面前呢？」

最終，漢軍平定了五溪蠻的叛亂，可惜馬援沒能看到這一幕，他的病越來越重，最後死在軍營裏，踐行了自己「馬革裹屍」的人生理想。

馬援發明了沙盤

馬援隨劉秀在隴西作戰時，當地的山很多，漢軍對地勢不熟，作戰很吃力。劉秀找馬援商量對策，馬援叫人找來一袋大米，比照附近的山嶺、深谷和河流的方位和高低，把大米堆積起來，又給劉秀指出各處險要和必經之路。劉秀看後，很快制訂出作戰計劃，率領部隊打了勝仗。

在馬援之前，中國雖然也有地圖，但都是平面的，馬援「堆米為山」，讓山川變得立體起來，這也是中國最早的沙盤。

當時的世界

49 年，馬援在征討五溪蠻時去世，踐行了自己「馬革裹屍」的理想。這時候的歐洲，羅馬帝國開始跨越海峽，征服不列顛，也就是如今英國的領土。之前凱撒大帝就曾兩次入侵不列顛，都以失敗告終。這次羅馬帝國終於取得了成功。

白馬寺與佛教的傳入

皇帝做的一個夢

　　說到佛教，大家應該都不陌生，我們出去遊玩的時候，常常會見到寺廟。不過，佛教並不是中國本土的宗教，它起源於印度，相傳是印度一位名為悉達多的王子創立的，悉達多還有另一個大家熟悉的名字——釋迦牟尼。那麼，佛教是怎樣來到中國的呢？

　　這要從東漢的第二任皇帝——漢明帝劉莊說起。劉莊是漢光武帝劉秀的兒子，在劉秀去世後繼承皇位。他延續了父親的各項政策，比如減輕賦稅，救濟孤寡老人和生活艱難的窮苦百姓，鼓勵農桑，治理黃河等等，他還把西域地區治理得很好。他和他的兒子漢章帝劉炟（dá，粵音笪）執政的幾十年，是東漢最繁榮的時期，歷史上稱為「明章之治」。

　　不過，漢明帝最大的成就還是在文化方面。前面說過，劉秀曾經進過太學，在歷朝歷代的開國皇帝當中，他的文化水平算是很高的。而劉莊在這方面比父親還要強，他從小就熟讀很多儒家經典，據說十歲就通讀了《春秋》。當上皇帝後，劉莊更是大力提倡儒學，還經常在中央最高學府太學裏給學生講解儒家經典。

有一天晚上，漢明帝做了一個奇怪的夢，他夢見一個渾身散發着金光的人，在半空中繞着宮殿飛了一圈又一圈。醒過來後，他覺得這個夢很奇怪，想了很久。大家有時候睡覺也會做夢，一般都是做完就過去了，但是古人很迷信，他們相信自己做的夢都是有寓意的，是神靈藉這種方式告訴自己要做甚麼事，所以總想搞明白它象徵着甚麼。可是漢明帝想來想去，始終想不明白這個夢的含義。於是，他就在上朝時把這個夢講給大臣們聽，希望有人能幫自己解答。

　　大臣們也都搞不明白這個夢是甚麼意思，只有一個叫傅毅的大臣開了口：「我聽說，我們大漢以西有一個國家，信奉一個神明，叫『佛』。那個佛身高一丈六尺，渾身都是金黃色，可能是陛下您在夢裏見到的人。」

漢明帝一聽就來了精神，下令搞清楚佛到底在西邊哪個地方。儒生們趕緊去翻各種典籍史書，他們查來查去，最後覺得這佛很可能來自「身毒（juān dú，粵音捐督）」國，也叫天竺國。

早在西漢時期，張騫通西域時就聽說過這個國家，據說那裏氣候炎熱潮濕，人們的皮膚都曬得黑黑的，許多人都是高鼻樑、深眼窩，他們平時經常在一條寬闊的大河旁洗澡、祈禱，出行時還騎着大象。不過當時張騫也只是聽說過而已，並沒有親自去過天竺。後來霍去病大敗匈奴，曾從休屠王的宮殿裏帶回一尊金人像，儒生們覺得，這尊金人有可能就是那裏的佛。

現在我們知道這個天竺就是古代的印度，那條大河就是印度的恆河。可是當時的漢人都沒有去過那裏，在大家的心目中，那是一片既遙遠又神祕的土地。這也讓漢明帝對天竺有了興趣，他覺得那個夢很可能是佛想來見自己。

於是，漢明帝決定派人去把佛迎接到中原，他選了自己最信任的兩位郎中蔡愔（yīn，粵音音）、秦景，讓他們帶着大批財物和人馬出使天竺。蔡愔、秦景雖然接受了命令，但心裏一直沒有把握，他們只知道要往西南方向走，卻不知道天竺的具體位置，都擔心這次出使求不到佛，可是皇帝的命令又不敢不聽，只好走到哪裏算哪裏。

幸好，他們的運氣還不錯，使團向西走到大月氏（zhī，粵音支）國的時候，剛好在那裏遇見兩位天竺國的高僧。蔡愔、秦景和他們一聊，覺得他們信的佛應該就是皇帝夢見的那個金人，趕緊邀請他們來中原。兩位高僧聽說可以宣揚佛法，也很痛快地同意了，他們用白馬馱（tuó，粵音陀）着佛經、佛像，跟着蔡愔、秦景來到了中原。

漢明帝沒想到，自己派出的使者這麼快就把佛請過來了，非常高興，親自出來迎接和接待。本來按照慣例，外國使節來到中原，都應該住進專門的使館、驛站。漢明帝卻覺得，兩位高僧是尊貴的客人，讓他們住使館太委屈了，但是短時間內要蓋新屋又來不及，於是下令把負責外交事務的官署「鴻臚（lú，粵音牢）寺」騰出來，讓他們暫時居住。

後來，漢明帝又特意在洛陽城西的雍門外為兩位高僧修建了一處住

宅。由於之前兩位高僧住在鴻臚寺，人們就從鴻臚寺中取了一個「寺」字，用來稱呼僧人們居住的地方；又由於他們是用白馬駄着佛經、佛像來中原的，所以這座寺就起名為白馬寺。

在這裏，兩位高僧把梵語的《四十二章經》翻譯成了中文，這成了中國的第一部漢譯佛經。後來兩位高僧也沒有再回天竺，而是一直待在這裏研究和宣揚佛法，直到去世。在他們之後，陸續又有許多高僧來到白馬寺，繼續翻譯佛經。在白馬寺建寺之後的一百五十多年間，這些高僧共譯出了 192 部佛經，白馬寺也成為中國歷史上第一座寺廟。佛教從此在中國傳播開來。

洛陽至今還有白馬寺

白馬寺建成後，歷朝歷代的統治者都對它進行過維修和保護，所以至今仍保存完好。白馬寺位於今天洛陽市的東郊，寺裏有天王殿、大佛殿、毗盧閣等建築，其中，清涼台相傳是故事中兩位天竺國高僧當年翻譯佛經的地方。

當時的世界

68 年，白馬寺開始修建。這個時期的歐洲，羅馬人正在進攻猶太人的聖城耶路撒冷。攻陷耶路撒冷後，他們摧毀了第二聖殿。後來猶太人在廢墟上用原來聖殿的石頭築起一面大牆，這就是著名的「哭牆」。從此，猶太人開始了上千年的漂泊生活。

投筆從戎
史上最成功的一次轉行 · · · · · · · · · · · · · · · · · · ·

　　大家肯定聽過「行行出狀元」這句話，它的意思是無論甚麼工作，都有人能做出成績來。可也有不少人覺得自己原來的工作沒前途，中途轉行去做別的。這樣做會有一定的風險，一旦轉行失敗，自己的工作很可能還不如以前。不過要是轉行轉對了，也可能會讓自己的人生道路越走越寬。東漢的名將班超就是個例子，他是個半路出家的軍人，後來卻取得了相當大的成就。

　　東漢是個重文輕武的王朝，儒生地位很高，所以人們都喜歡去學儒，班超一開始也是。他的哥哥班固在朝廷裏當了個小官，班超也跟着哥哥來到洛陽，找了一份替官府抄寫書稿的工作來謀生。

這份工作又累又乏味。大家可以想想，要是讓你從早到晚一刻不停地抄課文，你是不是早就想把筆扔了？班超就是這樣，他經常抄書抄到哈欠連天，每天累得半死。有時候他受不了了，抄着抄着，就突然把筆一丟，大聲抱怨：「大丈夫就應該在西域立功、受爵封侯，怎麼能整天搖筆桿呢？」和他一起抄書的人聽了都笑話他。班超很看不起他們，說：「你們哪能知道壯士的志氣呢？」

前面說過，東漢建立之前是王莽當皇帝，王莽種種胡鬧的行為，導致西域各國和中原的關係惡化了很多，許多小國都不再服從漢朝的統治，轉而投靠匈奴。匈奴的勢力因此又壯大起來，又開始騷擾漢朝的邊境。漢明帝即位後，就派大將竇固去討伐匈奴。這時候班超抄書早抄煩了，就報名參了軍，在軍中當了個小官，跟着竇固打了一些勝仗。

竇固覺得班超挺有才幹，於是派他出使西域各國，就像我們前面講過的張騫一樣，去聯合各國共同對付匈奴。從此，班超正式開始走一條新的道路。

班超帶着出使隊伍先來到一個叫鄯（shàn，粵音善）善的小國（今新疆羅布泊），鄯善王一開始對他們很熱情，可是後來態度卻冷淡下來，招待他們的伙食也差了，派給他們的僕役也少了，鄯善王還好多天都不理他們。

班超感到很奇怪。他分析了一下，覺得很可能是因為匈奴也派來了使者，鄯善王想投靠匈奴，當然就不會給漢朝使者好臉色了。他進一步想到，如果鄯善王真的投靠了匈奴，不僅是漢朝外交上的重大失敗，就連自己這個使團都會很危險。鄯善王要麼會殺掉他們，要麼會把他們抓起來獻

給匈奴人作為禮物。現在必須做點甚麼，不能坐以待斃。可問題是，該怎麼辦呢？班超想來想去，最後想出了一個特別冒險的計劃。

這天，班超突然下令把平時照顧自己的鄯善僕役抓起來，裝出凶神惡煞的樣子逼問他：「匈奴使者住在哪？」僕役嚇了一跳，以為班超早就知道匈奴派來了使者，只好說出了匈奴使者的住處。

班超把手下的士兵都召集起來，請他們喝酒吃飯。喝酒喝到一半，班超藉着酒勁，慷慨激昂地演說一通：「我們來到西域就是為了建功立業，現在匈奴使者才來了幾天，鄯善王就對我們冷淡下來，以後說不準就要把我們抓起來，送給匈奴餵豺狼，大夥說怎麼辦？」

大家酒喝多了，都有些醉意，一聽這話全都急了，一個個嗷嗷叫嚷：「聽您的命令！」班超一看，行，這事有機會，又來了一句：「不進到老虎洞裏，就抓不到小老虎。」他馬上為大家部署起作戰計劃，這就是「不入虎穴，焉得虎子」這句話的來歷。

這天夜裏，班超帶着士兵們悄悄行進到匈奴使者住的使館。他讓十個人拿着鼓躲在使館後面，告訴他們：「你們看到起了火，就都擊鼓吶喊。」其餘人都握着弓箭等兵器，埋伏在使館的大門兩旁。班超自己則帶着一批士兵放火。這時候外面正颳着大風，火藉風勢很快就燒了起來，後面的士兵們又敲鼓吶喊，使館裏的匈奴人嚇得奪路而逃，剛好中了埋伏，班超把他們全都殺了。

鄯善王聽說匈奴使者被殺，嚇得手足無措，知道這回是徹底得罪匈奴了。班超趁機給鄯善王分析局勢：「雖然您不知情，可匈奴使者畢竟死在了你這裏，匈奴人可不管使者是被誰殺的，既然是在你們國家鬧出的人命，肯定會先找你們報仇，您現在只能歸附漢朝了。」事情鬧到這個地步，鄯善王也沒辦法，只好同意歸附漢朝，還把兒子派到漢朝去做人質。

班超的事跡傳到洛陽，朝廷對他進行了嘉獎，讓他繼續出使西域。上司竇固覺得他的手下太少，想給他再撥一些人馬，班超卻謝絕了：「我只要原來跟着我的三十多人就足夠了，真遇上甚麼事，人多了反而累贅。」

班超又來到了于闐（tián，粵音田）（今新疆和田），于闐王不久前剛打了勝仗，覺得自己勢力挺大，不想歸順漢朝。他身邊還有一個巫師，總

是說漢朝的壞話，又唆使于闐王勒索班超，向他要那匹從中原騎過來的好馬。班超假裝答應，但是要求巫師親自來取。等巫師來了，班超立刻讓手下捉住他，親手殺死了他，還把巫師的人頭拿給于闐王看。于闐王看了大吃一驚，只好同意歸順漢朝。

後來，班超又來到了疏勒國。當時在匈奴的支持下，疏勒國被一個叫龜茲（qiū cí，粵音 gau1 持）的國家佔領了，還立了一個叫兜題的貴族當王，疏勒國的大臣們都很不服他。班超注意到了他們之間的矛盾，把大臣們祕密請來，勸說他們與自己合作。大臣們馬上答應，和他聯手發動宮變，廢掉了兜題的王位，讓前任疏勒王的姪子當了國王。從此，疏勒國和漢朝交好。班超又一次圓滿完成了任務。

班超在西域待了三十一年，使許多西域國家重新歸順漢朝，他也成了西域和中原經濟文化交流的大功臣。

班超一家子都不簡單

班超家是不折不扣的書香門第。他父親班彪是著名的史學家、文學家；哥哥班固更是寫出了和《史記》齊名的史書——《漢書》；他還有一個妹妹叫班昭，也是東漢著名的史學家、文學家。

當時的世界

73 年，班超出使西域。79 年，維蘇威火山爆發，摧毀了當時擁有二萬多人的龐貝古城。這座火山位於意大利南部、那不勒斯灣的東海岸，是世界上最著名、最危險的火山之一，海拔 1,281 米。

蔡倫的造紙術

是他使紙變得很便宜 ·

　　紙，我們再熟悉不過了，上學用的課本、課外書是紙做的，作業、試卷是紙做的，衛生紙、餐巾紙也是紙做的。紙是我們日常生活中最常見的物品之一。可是你知道嗎？在古代，紙卻非常貴重，很晚才開始普及，所以民間才有「敬惜字紙」的說法。

　　東漢之前，人們要寫字，一般都是寫在既便宜又容易得到的木片、竹條上。他們必須先把木頭或竹子削成細長條，再經過烤乾、打孔等一系列工序，才能在上面寫字，這些木片、竹條就叫「簡」或「牘」。簡牘不僅寫不了幾個字，而且很重，無論是書寫還是閱讀，都非常不方便。當時倒是還有另一種書寫材料——絲織品「帛」，它又輕便又柔軟，但價格實在太昂貴了，就算是有錢人家也不會輕易拿它來寫字。

　　那麼，紙到底是怎麼出現的呢？其實，西漢時期已經有了紙，但是當時的紙是粗糙的麻紙，比樹皮好不了多少，根本沒法用來寫字，有的雖然可以寫，但不夠普及。紙的真正普及，要從東漢時期一個叫蔡倫的人說起。

　　蔡倫是一個宦官，人品其實不大好。當時的皇帝是漢章帝，太子是劉慶，但掌權的竇太后不喜歡劉慶的生母宋貴人。蔡倫就給竇太后出了個壞主意，逼迫宋貴人自殺，還把劉慶貶為清河王，改立另一個皇子劉肇（zhào，粵音兆）為太子。竇太后為了鞏固自己的勢力，親自撫養劉肇。

　　漢章帝去世後，只有十歲的劉肇繼了位，這就是漢和帝，大權依然掌握在竇太后手裏。蔡倫也跟着升了官，當上了尚方令，專門負責管理皇宮裏的製造工坊，製作各種器具物件。

　　蔡倫雖然做過壞事，但他對本職工作還挺認真。他早就注意到用竹、

木和帛寫字的不足，於是很想找出一種書寫材料，既能像帛那樣輕便柔軟，又能像簡、牘那樣便宜，隨處可得。

可這哪是隨隨便便就能找到的？相傳有一次，蔡倫去民間的工坊視察，正好看見幾名婦女蹲在河邊漂洗絲絮。這些絲絮是古人填在被子或厚衣服裏用來保暖的東西，時間長了會變髒，所以需要定期拆開被子、衣服，把絲絮放在水裏洗乾淨。

這幾名婦女把絲絮鋪在薄竹蓆上，再把竹蓆泡進水裏來回搖晃，很快就將絲絮洗乾淨了。洗完之後，薄竹蓆上還殘留着不少碎絲絮，她們正準備把這些碎絲絮扔掉，旁邊的蔡倫心裏突然閃過一個念頭：這些碎絲絮能不能用作書寫的材料呢？他趕緊向那些婦女要來碎絲絮，開始了試驗。

蔡倫先是讓手下收集百姓們日常生活用剩的各種廢料：碎絲絮、麻布片、樹皮、麥稈、破漁網……然後他把這些原料切碎後放到水裏，等泡到快要爛掉的時候，再放進摻有草木灰的水裏浸泡、烹煮，用木槌反覆捶打，經過一系列的加工，最後晾乾，終於造出了紙。

蔡倫把這種紙拿給漢和帝看，漢和帝試着在上面寫了寫字，嘿，還真好用！漢和帝非常高興，下令把蔡倫發明出來的這種技術傳遍全國。這種紙的原料非常便宜，製作工藝也不複雜，所以很多人都開始學這種技術。後來，蔡倫被封為龍亭侯，還當上了長樂太僕。人們為了紀念蔡倫，把用他發明的方法製出來的紙稱為「蔡侯紙」。

但蔡倫的結局並不好。漢和帝去世後，繼位的是漢和帝剛滿百天的兒子劉隆，歷史上稱為漢殤帝，但是劉隆繼位只二百多天也去世了，皇位傳給了漢安帝劉祜（hù，粵音滸），他正是清河王劉慶的兒子。蔡倫陷害過漢安帝的父親和祖母，漢安帝當然記着這筆仇，便讓蔡倫自己去向負責審案的廷尉認罪。蔡倫知道皇帝不會放過自己，乾脆服毒自殺了。

蔡倫雖然死了，但他的造紙技術流傳了下來，並不斷被後人改進。紙張不僅在中國流傳開來，還流傳到西域和朝鮮、越南、日本。到了唐朝，造紙術傳到了阿拉伯，又通過阿拉伯人傳到了歐洲，在全世界普及起來。後來歐洲人把造紙術列入中國古代的四大發明之一。

中國的第一部字典

　　漢和帝、漢安帝時期，文學家許慎編寫了中國第一部字典《說文解字》，逐字解說漢字的音、形、義，還講解了漢字的產生、發展、功用、結構等內容。許慎創立了 540 個部首，將書中收錄的 9353 個漢字按照部首排列。直到今天，我們查字典時依然會用到部首查字法。

當時的世界

　　105 年，蔡倫改進造紙術。此時，世界上其他國家還沒有方便的書寫材料，基本上都是用羊皮卷和莎草紙。

梁冀專權

當大臣可以囂張到這個地步

看過這麼多歷史故事之後，大家最熟悉的肯定是皇帝這個職位。設想一下，如果現在你不用去上學，而是去當皇帝，你會是甚麼心情？估計都要樂得蹦跳起來了吧！

別高興得太早，當皇帝聽起來挺爽，卻是一個高危職業，尤其是小孩子當皇帝。這一點在東漢時期特別明顯。當時有一個特殊現象：好幾任皇帝即位時年紀都很小。從漢和帝十歲即位開始，後面連着七任皇帝都是十歲上下即位，最小的漢沖帝即位時只有兩歲，而且這些小皇帝大部分在還沒成年時就死了。

你該問了：這些小皇帝怎麼就長不大呢？原因其實很簡單：小皇帝不會治理國家，大權往往落到皇帝的媽媽，也就是皇太后手裏。這些太后大多對國家大事也不怎麼懂，又怕受大臣們的欺負，於是經常重用娘家的兄弟、叔姪等人，這些娘家人就叫「外戚」。外戚們往往會形成集團，漢朝有名的外戚集團包括西漢早期的呂氏、晚期的王氏，還有東漢的竇氏。有的外戚心狠手辣，他們甚至會故意害死小皇帝，再立一個同樣年幼的皇帝，好讓自己能一直把持朝政。

　　在這些外戚裏，梁冀就是最囂張的一個。他的妹妹是漢順帝的皇后，他憑藉這層關係當上了大將軍，執掌軍權。漢順帝二十多歲就去世了，梁冀趁機把持了朝政，他故意立只有兩歲的劉炳當皇帝，這就是漢沖帝。可是只過了半年，漢沖帝就去世了，梁冀又立八歲的劉纘（zuǎn，粵音纂）當皇帝，這就是漢質帝。

　　梁冀以為漢質帝只是個小孩子，甚麼都不懂，平時在他面前毫不遮掩，經常對手下、對大臣吆喝來吆喝去，就跟指使僕人一樣。可梁冀沒想

到，漢質帝年紀雖小卻很聰明，早就看出他不是個好人。有一次上朝，漢質帝當着所有大臣的面，盯着梁冀的臉來了句：「這是個『跋扈（bà hù，粵音拔互，形容人傲慢強橫）將軍』。」大臣們聽了又是好笑又是為他擔心。從此，「跋扈將軍」就成了梁冀的外號。

這事讓梁冀非常生氣，他心想，這孩子這麼小就恨自己，等他長大了還了得？得趕緊換個小皇帝。他指使親信在漢質帝吃的麵片湯裏下毒，漢質帝才吃了幾口就臉色發白，直冒冷汗，捂着肚子直喊疼，緊接着又吐了血，很快就死了。宮裏宮外所有人都明白這是梁冀下的毒手，可是大家都害怕他的威勢，誰也不敢說甚麼。

梁冀毒死了漢質帝，又立了十五歲的劉志當皇帝，這就是漢桓帝。他繼續獨攬大權，更加肆無忌憚。為了搜刮錢財，梁冀派親信把洛陽周圍所有的富戶都記錄在案，再胡亂安上個罪名，把他們抓起來嚴刑拷打，逼他們家裏人出錢贖罪。出錢少的，很可能就會被處死或者流放。其中有一個叫士孫奮的富戶，梁冀向他「借」五千萬錢，士孫奮捨不得給，梁冀馬上憤怒了，誣陷他的母親偷了自己很多金子、珠寶，把士孫奮兄弟也都抓起來，沒過多久就害死了他們，吞併了士孫奮的所有家產。

有時候，梁冀還把百姓抓去做奴才，管他們叫「自賣人」，意思是自願賣身為奴的人，這樣的「自賣人」他抓了足有數千人。各地進貢的物品，也都得先把最好的獻給梁冀，給皇帝的反而是次一等的。就這樣梁冀還不滿足，他派人到處搜求奇珍異寶、歌伎僮僕。被派出去做這種差事的手下也都囂張得很，動不動就毆打官吏、搶奪婦女。梁冀還在洛陽建了豪華的宅院，不分晝夜地吃喝玩樂，大臣們想找他報告國家大事，都得通過賄賂守門人才能進去，連這些守門人一個個都發了大財。

最誇張的是，梁冀還在洛陽周圍的林子裏養兔子，他家的兔子都要專門剪去一撮兔毛作為標記，要是有人打獵時敢打這些兔子，梁冀就判他受肉刑甚至死刑。有個西域過來的商人不知禁令，誤殺了一隻兔子，被人告發了，不僅他本人被殺，還有其他好些人受牽連被殺。

梁冀這麼橫行霸道，大家能不恨他嗎？當時上至漢桓帝和大臣，下至百姓，人人敢怒不敢言。後來漢桓帝實在受不了了，召集忠於自己的五名

宦官，讓他們設法收繳了能調集軍隊的符節，然後統領着禁衛軍包圍了梁冀的住宅。梁冀措手不及，他知道自己這些年太招人恨了，絕不可能有好下場，乾脆自殺了。

梁冀這一死，百姓們無不拍手稱快。漢桓帝緊接着下令把梁冀的黨羽一網打盡，這些被抓的人裏，光是高官就有幾十人，中下級官員有三百多人。把這些人都下獄問斬之後，整個朝廷幾乎空了。漢桓帝又下令沒收梁冀的全部財產，一清點才發現，足有三十多億錢。有了這些錢，漢桓帝乾脆宣佈，當年百姓們的租稅統統減半。

梁冀被鏟除了，可是東漢王朝的局勢不僅沒有好轉，反而在繼續惡化。這是因為除了外戚集團，另一個集團開始興起了。

知識加油站 科學

漢代的麵食

漢質帝被毒死，史書說他吃的是「煮餅」，你千萬不要以為就是如今的烙餅、餡餅之類的食物。在中國古代，「餅」泛指所有的麵食。蒸出來的饅頭叫蒸餅、炊餅，也就是武大郎賣的那種食物；用水煮出來的麵條、麵片湯叫煮餅、湯餅；用火烤出來的叫燒餅；我們熟悉的芝麻燒餅則叫胡餅。

▲表現古人使用石磨的綠釉陶推磨俑

漢代時，石磨的推廣和畜力大型石磨技術的發展，使得麵食開始普及。

當時的世界

144 年，漢順帝去世，梁冀開始把持朝政。此時的羅馬，正處在安東尼·庇護統治時期，他與元老會合作，大力發展經濟，加強對行省的管理，使得羅馬帝國十分強盛。

黨錮之禍

文臣和宦官玩起了「搖搖板」 · · · · · · · · · · · · · · · · ·

上個故事講到，漢桓帝經過周密佈置，終
於鏟除了梁冀，百姓們聽説後全都歡呼雀躍，
人人都覺得解氣。接下來，百姓們的日子該好過
了吧？其實不然，東漢王朝的連番動
盪，這時候才剛剛開始。

漢桓帝鏟除梁冀的過
程中，有五位宦官立下了
大功，他們也因此在同一
天被封侯，世人稱他們為
「五侯」。可是這幾名宦官

也不是甚麼好東西，他們封侯之後很快成羣結黨，做的壞事一點也不比梁
冀少。

這樣一來，大臣們看不下去了。他們本來就看不起這些宦官，覺得他
們地位卑賤，不配和自己平起平坐。可是宦官們的後台是皇帝，所以大臣
們只能忍氣吞聲，心裏暗自憋着一口氣，打算找機會和宦官們算總賬。

宦官張讓的弟弟張朔在擔任野王縣令時，貪婪殘暴，甚至殺死孕婦。
張朔聽説負責監察的司隸校尉李膺（yīng，粵音櫻）特別威嚴，畏罪逃回
京城，藏在哥哥張讓家中。張朔以為哥哥勢力大，李膺不敢惹，沒想到李
膺根本不怕，直接率領手下衝進張讓家搜查，最後在空心柱裏搜出張朔，
把他捉走了。張讓趕緊去求情，可李膺早防着他這一手，以最快的速度把

案子審完了。等張讓終於見到他，他兩手一攤：「不好意思啊，人我都殺完了，下回您可得早點來啊。要不您把弟弟的人頭帶回去留個紀念？」

張讓氣壞了，回去就跟漢桓帝告狀。可漢桓帝也知道張朔做的那些壞事，便沒把李膺怎麼樣。宦官們從此都害怕李膺，平時都不敢出宮廷，漢桓帝問他們為甚麼，他們都叩頭流淚說：「怕李校尉。」

這件事過後，大臣們高興壞了，覺得李膺為大家出了口氣，很多士大夫、太學生都想認識李膺。李膺要是見了誰，誰就覺得特別有面子，他們管這叫「登龍門」。

轉過年來，又出了一檔子事。有一個方士叫張成，和宦官們關係很密切，他從宦官侯覽那裏打探到一個消息：朝廷馬上要頒佈大赦令。這是古代王朝的一種傳統，遇上皇帝登基之類的喜事，全國就會赦免很多罪犯，要殺頭的就不用殺了，蹲監獄的也不用蹲了，服勞役的也不用服了。

張成聽說朝廷要大赦，心想反正這時候就算犯罪，沒過幾天就無罪釋放了，乾脆趁機做點壞事吧，就指使自己的兒子殺了人。這案子又落到了

李膺手裏，李膺一點都不含糊，馬上派人把張成的兒子抓起來。

第二天，大赦令果然頒佈了。張成得意壞了，到處吹牛：「朝廷的詔書都下來了，李膺他敢不放我兒子嗎？」可是李膺還真不信這個邪，他說：「張成預先知道大赦，卻故意讓兒子去殺人，性質更惡劣，他兒子不能被赦免。」下令把張成的兒子斬首。

這下張成也恨死李膺了，他和侯覽、張讓串通一氣，指派手下去向漢桓帝告李膺的黑狀，誣告他和那些士大夫、太學生們私自結黨、誹謗朝廷。漢桓帝覺得這次不能不管了，下令逮捕這些「黨人」。除了李膺，還有許多大臣都被下獄或者通緝。

這回，朝廷終於犯了眾怒，許多官吏和百姓聚集在一起，憤怒聲討那些宦官。很多大臣都同情李膺他們，太尉陳蕃就是其中一個代表。陳蕃在當時是出了名的清正不阿，早年他就因得罪過梁冀被貶官，可是因為能力突出，後來不僅官復原職，職位還升到了最高的「三公」。他也早就向漢桓帝進諫過不要再寵信宦官，這次他繼續站在李膺這邊。按當時的司法程序，漢桓帝要想懲治李膺他們，詔書必須有三公一同簽字才能生效，但陳蕃就是不肯簽字。漢桓帝也惱了，直接撇開大臣們，讓宦官負責審這個案子，還罷免了陳蕃。

宦官們看李膺落在了自己手裏，一個個摩拳擦掌，心想這回非得殺了他不可。他們對李膺施加了各種酷刑。李膺也很聰明，故意供出許多宦官的親信，把他們說成是自己的同黨。審理案件的宦官們這下都傻了眼，心想再這麼審下去，他們自己一個都跑不了。宦官們商量了半天，只好向漢桓帝提議，把李膺他們全部赦免。

這時候，漢桓帝的老丈人竇武也出面為李膺說話。漢桓帝雖然是皇帝，但看現在這局面，知道自己不能再犯眾怒了，於是下令赦免李膺這些「黨人」，但是要求他們各自回故鄉，終生不能做官。這一事件就叫「黨錮（gù，粵音故）之禍」。這是第一次「黨錮之禍」。

後來漢桓帝去世，漢靈帝即位，陳蕃、竇武等人掌權，李膺重新被提拔為官，但宦官與士大夫們的鬥爭還在繼續。陳蕃、竇武等人計劃把宦官一網打盡，卻不小心走漏了風聲，被宦官們搶先殺害，朝廷又大肆抓捕

和陳蕃、竇武等人有牽連的黨人，其中就包括李膺。這時有人勸李膺避避風頭，李膺卻已經看開了生死，他說：「我已經六十歲了，死和生早就注定了，我能跑到哪裏去呢？」主動去投了案。這回他沒能躲過宦官們的迫害，最終被拷打而死，家人也被流放，他的學生們又被禁止參政。這是第二次「黨錮之禍」。

兩次「黨錮之禍」，說到底還是文臣、外戚集團與宦官集團之間的權力鬥爭，兩派好像坐在「搖搖板」的兩頭，這頭翹起來，那頭沉下去。沒完沒了的內鬥，讓東漢王朝一步步走向了衰敗，很快就要迎來一場席捲天下的大起義了。

黨錮是甚麼意思？

「黨」在這裏並不是指政黨，而是指集團。《論語》裏有一句「君子羣而不黨」，意思是道德高尚的人會很合羣，但不會和人組成小集團。後來的王朝經常出現黨爭現象，比如唐朝有牛、李二黨，北宋有王安石、司馬光的黨爭，明朝有東林黨、宦黨之爭。

「錮」有禁止、禁錮的意思，這裏是指禁止李膺這些「黨人」參政。

當時的世界

166 年，第一次「黨錮之禍」。史書上說，這一年，大秦王安敦派使者出使漢朝，還帶來象牙、犀角、玳瑁等禮物。這個大秦國就是羅馬帝國，「安敦」是當時的羅馬皇帝馬可・奧理略・安敦寧・奧古斯都，中國現代一般稱他為奧理略皇帝。這是東西方兩大帝國——中國和羅馬的第一次正式交流。

黃巾起義

「蒼天」死了，我們用「黃天」代替它 ....

東漢王朝進入漢靈帝時期，衰敗的跡象已經非常明顯了。外戚與宦官兩大集團互相爭權奪利，徭役、兵役繁重，又趕上連年的旱災、瘟疫，許多百姓都病餓而死，活着的人也在生死線上苦苦掙扎。這種局面，讓一個叫張角的人看到了機會。

當時，許多百姓都被傳染了瘟疫，朝廷卻根本不管百姓的死活。張角懂一點醫術，又能說會道，於是四處給大家治病。有的確實是他治好的，有的卻是自己痊癒的。百姓們不懂醫學，把這些都歸結為張角醫術高超，一個個都把他當成大救星，對他崇拜得不得了。

張角看自己人氣這麼高，乾脆創立了一個教派，叫「太平道」，算是很早的道教組織，他自稱「大賢良師」。越來越多的百姓加入太平道，十年間，全國的信徒已經有幾十萬人，張角把他們劃分成三十六「方」，相當於三十六個軍團，大的方有一萬多人，小的也有六七千人，每方還設一位統帥叫「渠帥」。

為了更好地鼓動信徒們，張角還想出一個很有煽動性的口號：「蒼天已死，黃天當立，歲在甲子，天下大吉。」「蒼天」是指東漢朝廷，「黃天」就是指自己創立的太平道，「甲子」是年份。這句口號的意思是，東漢這個「蒼天」已經死了，該由自己的「黃天」取代它，等到「甲子」這一年，大家的好日子就來了。一時間，全天下到處流傳着這句話，張角的信徒們在各地許多官府的牆上都用白土寫下「甲子」這兩個字，既是做宣傳，也是做聯絡暗號。

那麼，「甲子」到底是哪一年呢？正是 184 年，也即漢靈帝中平元年。這一年，各方的渠帥都做好了起義的準備。其中最重要的部隊，是馬元義統領的荊州、揚州地區的幾萬名信徒，他們約定在鄴城（今河北省邯鄲市臨漳縣鄴城鎮）集合。可是在這關鍵時刻，一個叛徒向朝廷告發了他們。漢靈帝趕緊下令抓捕太平道的信徒，殺了足有上千人，還把馬元義處以車裂的酷刑。之後，漢靈帝又下令通緝張角等起義軍領袖。

張角知道事情暴露了，趕緊通知各方，讓大家提前發動起義。這些起義軍都往頭上裹一條黃布作為標誌，所以當時人們管他們叫「黃巾軍」。張角自稱「天公將軍」，他的兩個弟弟張寶、張梁分別叫「地公將軍」、「人公將軍」。他們率領着起義軍，到處攻打官府，搶劫各城邑、村莊，佔領了許多州郡。

消息傳到洛陽，漢靈帝更害怕了，他趕緊派盧植、皇甫嵩（sōng，粵音鬆）、朱儁（jùn，粵音進）等大將領兵鎮壓黃巾軍。一開始，黃巾軍氣勢旺盛，擊敗了漢軍好幾次，連皇甫嵩都被圍困起來了。可是皇甫嵩畢竟老練，他發現黃巾軍的紮營方式有破綻，很快想出了一個扭轉戰局的法子。

這天夜裏剛好颳起了大風，皇甫嵩讓士兵們把繩子繫在身上，像特種兵那樣從城頭悄悄降下來，趁着夜色摸黑來到黃巾軍的營地外圍，從四面八方同時放火。黃巾軍紮營很馬虎，營地裏有很多草木沒有割砍，結果一沾火全都燒起來，整片營地很快都陷入了火海。皇甫嵩趁機領軍從城中殺出，黃巾軍的士兵抵擋不住，紛紛逃跑。

這時候，另一位漢軍將領也趕過來支援了，他和皇甫嵩兩面夾擊，黃巾軍頓時兵敗如山倒。説到這位來支援的將領，一説名字，大家肯定都熟悉，他就是曹操。

從此，漢軍開始大舉反擊，收復了黃巾軍佔領的許多地盤，後來還在河北的廣宗斬殺了張角的弟弟張梁。那一戰有三萬多名黃巾軍戰死，逃跑時在河裏淹死的就有五萬多人。

這時候，張角已經病死了。他給那麼多人治好了病，大家都以為他有神通，可是輪到自己生病卻毫無辦法。皇甫嵩連死人都不放過，他下令挖開張角的墳墓，打開棺材，砍下張角的人頭送到了洛陽。沒過多久，皇甫嵩又斬殺了張角的另一個弟弟張寶。經過這一連串的打擊，黃巾軍的主力基本被殲滅了，但還有很多殘餘勢力分散在各地，名字五花八門，都很有想像力：黑山、黃龍、白波、青牛角、雷公、浮雲、飛燕、白雀……這些黃巾餘黨後來堅持戰鬥了很多年。「黃巾起義」雖然暫時平息了，但東漢王朝也被折騰得元氣大傷。

治療疫病的「醫聖」

張仲景是東漢晚期的著名醫學家，瘟疫爆發時，他一邊為百姓們治病，一邊潛心研究瘟疫的起因和治療方法，並寫成了《傷寒雜病論》等多部醫書。他在書中提出人得病與陰陽、表裏、虛實、寒熱等因素相關，這些觀點深刻影響了後來的中醫，他也被後人尊稱為「醫聖」。

當時的世界

165—191 年，歐洲正在遭受瘟疫。這場瘟疫令整個羅馬帝國有 750 萬至 1,500 萬人死去。後人根據當時記錄的症狀推測，這場瘟疫可能是天花，它被稱為「安東尼瘟疫」。184 年，「黃巾起義」。

董卓亂政

最遭百姓痛恨的人 ·············

　　上個故事講到，全國各地都在鬧的「黃巾起義」終於平定了，天下該太平了吧？其實，亂世才剛剛開始。

　　「黃巾起義」平定後沒過幾年，漢靈帝就去世了。即位的漢少帝劉辯年紀很小，大權落到了他的媽媽何太后和舅舅大將軍何進手裏。何進和以蹇碩為首的宦官集團矛盾很深，他早就想把宦官一網打盡。可宦官們更狡猾，他們在宮中設下埋伏，把何進騙進宮裏殺掉了。各地許多將軍都是何進的部下，聽說他被害，紛紛帶兵進洛陽替他報仇，反過來又把宦官們殺了個精光。一時間，洛陽城裏各方勢力你殺我、我殺你，這種一片大亂的局面，讓野心家董卓看到了機會。

　　董卓是個大胖子，但他身上的肉不是肥肉，而是壯實的肌肉，看起來就好像是一隻大黑熊。他年輕時在隴西帶過兵，騎馬射箭都很厲害，後來在并州當了州牧（一州的最高長官，掌握當地兵權）。何進命令他帶兵來洛陽殺宦官，可董卓帶兵走到洛陽郊外時，何進已經死了，這時正好碰到幾個宦官綁架了兩個孩子出城。董卓順手殺了那幾個宦官，救下了兩個孩子。連董卓都沒想到，自己這下撞上大運了。這兩個孩子正是漢靈帝的兒子漢少帝劉辯和陳留王劉協，董卓算是立下了救駕大功。

　　董卓帶着劉辯、劉協進了洛陽城。他很清楚，自己是外來戶，別的大臣要是知道自己只帶了三千兵馬，很可能會起兵反對自己，於是他

每天夜裏都把士兵們悄悄撤出洛陽城，第二天一早又讓士兵們大張旗鼓重新進城，連着好幾天都這樣。百姓和大臣們不知道他還有這一手，都以為董卓手下的兵馬多得不得了，不敢不聽他的。董卓就這樣控制了洛陽城。

沒過多久，董卓就看漢少帝劉辯不順眼了，他覺得這孩子不好控制，想改立陳留王劉協為皇帝，好讓自己專權更方便。很快他就把這個打算向大臣們公佈了，大臣們雖然都不同意，可性命都握在他手裏，也沒人敢開口反對。董卓就這麼廢掉了劉辯，立了劉協為皇帝，這就是東漢王朝的最後一任皇帝——漢獻帝。緊接着，董卓又廢黜了何太后，還毒死了她，連喪禮都不許辦。董卓自己倒是當上了太尉，沒過多久又做了相國。

董卓十分驕橫，想做甚麼就做甚麼。當時洛陽住着很多高官、富商，每家都很有錢，董卓看着眼饞，動不動就讓士兵們衝進這些大戶人家，搶劫、殺戮。有一次，一羣人正在聚會，唱歌跳舞好不熱鬧，董卓的士兵突然像一羣野獸一般衝過來，把男的都殺死，婦女、財物都搶走，砍下的人頭都繫在車上，一路唱着歌回去。

董卓還挖開漢靈帝的陵墓，把陪葬的珍寶全都運到自己家裏。他在宮中隨意霸佔公主、宮女，又下令廢除五銖錢，改鑄小錢，把洛陽、長安那些銅鑄的禮器統統搜刮過來作為鑄錢的材料，結果導致貨幣嚴重貶值，糧食價格飛漲，百姓們又一次遭了殃。

董卓經常動用酷刑，只要有人反對他，馬上就會被他殺死。有一位大臣見董卓的時候，忘了按禮節解下佩劍，董卓借題發揮，下令把他活活打死。他以為這樣大家都會怕自己，可這反而激起了更大的反抗，許多州郡的太守都紛紛招兵買馬，聯合起來組成「討董聯軍」，準備攻向洛陽。

董卓一看勢頭不妙，決定向西遷都到長安。他可不是自己搬家，而是要全洛陽的百姓都搬到長安去，數百萬人就這麼被逼着上了路。他們這一路又是忍飢挨餓，又是經常遭遇強盜的打劫，還要忍受士兵們的欺壓。結果走一路，屍體就倒下一路。董卓還怕有人逃回洛陽，乾脆一把火燒了整座洛陽城，把方圓二百里內都燒成一片灰燼。

這時候，各州郡太守組成的聯軍已經向西進軍。長沙太守孫堅作戰非常英勇，打敗了董卓的軍隊好幾次，還收復了洛陽。大家可能不太熟悉孫堅，但肯定知道他的兒子，正是後來與曹操、劉備三分天下的孫權。

董卓吃了敗仗，卻一點也不當回事。他在長安附近修了一座高大堅固的塢（wù，粵音滸）堡，號稱「萬歲塢」，也叫郿（méi，粵音眉）塢，裏面儲藏了足夠吃三十年的糧食。他以為這下自己可以高枕無憂了，得意揚揚地說：「事情成功，我就奪取整個天下；不成功，我守在這裏也足夠養老了。」從此，他整天大擺宴席、吃喝玩樂，而且更加殘暴，有一次甚至在宴席上當場殺了好多人，參加宴會的大臣們一個個都被嚇出了心理陰影。

看到董卓如此窮兇極惡，大臣們都恨死他了。司徒王允與董卓的手下呂布、李肅等人悄悄密謀，準備除掉這個惡賊。這天董卓去上朝，他手下的武將李肅帶着十幾個心腹在宮門口等着。董卓坐車快入宮的時候，駕車的馬突然受了驚，不肯往前走了，董卓覺得這是不祥之兆，想要回去。他身邊的呂布一看不妙，好說歹說，還是勸他進了宮。

董卓一進宮門，李肅就握着長戟跳上車，向董卓刺了過來，沒想到刺了好幾下都刺不進去。聽到這裏，大家是不是也覺得奇怪：董卓是練了甚

麼神功，還是已經厲害到刀槍不入了？其實都不是。董卓一直怕人行刺，所以整天都在衣服裏穿着鎧甲。

李肅沒刺進去，但董卓卻被嚇得不輕，他從車上摔到地上，好像一顆肉球滾下來，爬起來趕緊轉頭大叫：「呂布在哪？」呂布卻大喊：「皇帝有詔書，讓我討伐逆賊！」董卓這才明白呂布和他們也是一夥的，不禁大罵：「你這條狗，竟敢這樣！」呂布上來就是一矛，這下終於刺穿了董卓。

呂布讓人把董卓已死的消息傳遍整個朝廷，大家高興壞了，士兵們都大喊「萬歲」，百姓們跑上街唱歌跳舞慶祝。隨後大家又攻進董卓的塢堡，運出了兩三萬斤金子、八九萬斤銀子，布帛、糧食和各種寶貝更是堆積如山、不計其數。

董卓這個惡賊終於死了，可是割據混戰的局面才剛剛開始，一大批大家熟知的三國人物：袁紹、曹操、劉備、孫策等，紛紛登上歷史舞台。

知識加油站 軍事

董卓修建的塢堡

董卓的萬歲塢叫塢堡，是一種類似城堡的建築，最早在西漢末年出現。當時各地都有盜賊、起義軍，富戶豪強便紛紛修建它來保衛自己。這種建築一般修在險要位置，夯土築成牆壁，上面有崗亭，可以瞭望，也可以射箭。後來許多漢墓都出土過這種塢堡的模型。

當時的世界

192 年，董卓被殺。羅馬帝國皇帝康茂德也在這一年遇刺。他是著名的暴君，平時懶得處理朝政，喜愛打獵遊戲，動不動就處死大臣。他的大臣們便謀劃了一場暗殺，當康茂德從競技場回宮洗浴時，一名摔跤手把他勒死在浴場。

曹操起兵

皇帝成了他的幌子

曹操是《三國演義》裏最大的反派，有名的大奸臣。可是你們知道嗎？年輕時的曹操，其實也是個熱血青年。

曹操字孟德，是沛國譙（qiáo，粵音潮）縣〔今安徽省亳（bó，粵音博）州〕人，父親曹嵩是朝廷的太尉，他家在當時很有勢力。小時候，曹操的鬼點子特別多，特別愛惡作劇。那時，曹操經常被一個叔父管教，他就想捉弄叔父一下，於是就裝出口眼歪斜的樣子，騙叔父說自己生了急病。他的叔父嚇壞了，趕緊告訴曹嵩。曹嵩跑過來一看，曹操甚麼事都沒有，問他怎麼回事，曹操裝作很委屈的樣子說：「叔父不喜歡我，才盼着我生病。」曹嵩聽了很生氣，對弟弟也有了意見。

曹操十幾歲的時候，也就是差不多高中生的年紀，整天遊手好閒，騎馬打獵，鬥雞走狗，很多人都不喜歡他。當時上層社會有一種品評人物的風氣，類似老師給同學們寫評語，不過不是看成績和日常表現，而是看這個人的儀態舉止怎麼樣，預測他以後能有甚麼作為。當時有一位名士叫許劭（shào，粵音兆），特別擅長這個。曹操請他品評自己，許劭看了看他，說：「你這個人呀，要是在太平時節，也許能成為能臣；可要是在亂世，你就會成為奸雄。」曹操聽了哈哈大笑。至於這笑是高興、不信還是滿不在乎，那就不好說了。

「黃巾起義」的時候，曹操在河南潁川一帶鎮壓黃巾軍，因為作戰有功升了官。後來董卓把持朝政，想籠絡曹操，就封他當驍騎校尉。但曹操看出董卓沒前途，便不肯去當這個官，於是他逃出洛陽，跑到陳留（今河南省開封市陳留鎮）招兵買馬，拉起一支隊伍，準備討伐董卓。

這時候，各州郡的刺史、太守也紛紛組建兵馬，打着討伐董卓的旗號聚到一起，組成了討董聯軍，盟主是曹操的老朋友袁紹。袁紹一聲令下，各位刺史、太守都統領着自己的軍隊，分頭向洛陽進發。

可是剛走到一半，大家就全都不走了，誰也不肯第一個進攻董卓。曹操看不慣他們這副窩囊樣，主動站了出來，慷慨演說一通：「我們義軍是討伐叛亂的，現在各路兵馬都會合了，各位還有甚麼可疑慮的？眼下董卓焚燒國都洛陽，逼着天子西遷，百姓們都很害怕，正是消滅他的最好機會，一戰就能安定天下，機不可失！」

這幫將領一聽，全都連連點頭：「說得對，說得對，那你先去吧！」曹操這才明白，他們只是拿討伐董卓當藉口，趁機擴充兵力，沒幾個真想和董卓打仗。曹操非常生氣，丟下袁紹他們，獨自率領軍隊向西進發。

走到滎（xíng，粵音型）陽（今河南省鄭州市）附近，曹操遇上了董卓的手下徐榮。曹操的兵力比徐榮少很多，被打得大敗，自己也中了箭，幸好被堂弟曹洪救了。吃了敗仗的曹操收拾起殘兵敗將，撤回去一看，討董聯軍這幫將領還在吃吃喝喝，根本沒有任何進兵的意思。沒過多久，他

們還開始自相殘殺。曹操這回徹底失望了，他明白過來：想要建立事業，不能把希望寄託在別人身上，只能靠自己。他也撤了兵，重新開始招兵買馬，積累實力。

後來，青州地區的很多百姓又打起黃巾軍的旗號對抗朝廷，並攻入兗（yǎn，粵音演）州，殺死了兗州刺史劉岱，劉岱的手下跑到東郡去請曹操做兗州牧。曹操看到了機會，親自帶兵進攻黃巾軍，把他們殺得大敗。這些黃巾軍其實也是走投無路的百姓，為了活命都向曹操投降，結果曹操一下就得到了三十多萬降兵，他從中選出許多精銳，組成了青州兵。

手裏的兵多了，當然是件好事，可供他們吃飯又成了大問題。曹操於是在許昌進行屯田。屯田的第一年，曹操就收穫了百萬斛（hú，粵音酷）糧食，大大緩解了吃飯的問題。

為了保護耕田，曹操還專門下了命令：禁止士兵踏進農田，否則一律處死。沒想到有一次他自己的馬受了驚，帶着他衝進田裏，踩壞了一大片莊稼。這下將士們全都大眼瞪小眼，心想：主將總不能自己殺了自己吧？曹操沉思了一會，説：「自己公佈的法令自己卻違反了，怎麼能讓手下服氣呢？我給自己用刑吧。」於是拔劍割掉自己的一縷頭髮丟到地上。將士們看了，都覺得曹操能以身作則，更加佩服了。

除了恢復生產，曹操還很注重提拔人才，他講究唯才是舉，一個人哪怕名聲不好，甚至有不仁不孝的行為，只要有治國、用兵的才能，他都會重用。在他手下，樂進、于禁都是從普通士兵當上大將的，張遼、徐晃都是從敵人那裏投降過來的，張繡不僅殺死過曹操的長子曹昂，還三番兩次投降後又反叛，但曹操仍然能容忍他。這份用人的氣度，讓曹操手下人才濟濟，而且他自己的家族也出了很多大將，曹洪、曹仁等個個都能獨當一面。

董卓被殺死後，漢獻帝又遇到了危險。原來，董卓的手下李傕（jué，粵音角）、郭汜（sì，粵音似）為了給他報仇，又攻入長安，趕跑呂布，殺了王允。很快，李傕、郭汜又鬧翻了臉，在長安城裏互相打起來，漢獻帝只好又從長安逃回洛陽。這時的洛陽只剩殘垣斷壁，大臣們都只能採些野草種子勉強餬口。

曹操聽説後，決定去救漢獻帝。之前謀士毛玠（jiè，粵音界）、荀彧（yù，粵音旭）早就建議他尊崇漢室，藉漢獻帝的名義號令天下，這回他可算等到了機會。這年八月，曹操帶兵來到洛陽，把漢獻帝接到了許昌。這下漢獻帝重新看到了希望，他把曹操封為司隸校尉，很快又改封他為司空。曹操則從此打着漢獻帝的旗號，向諸侯發號施令，不斷擴張勢力，人們管這叫「挾天子以令諸侯」。

有仗就打仗，沒仗打就種田

曹操能逐漸強大，很重要的一點就是實行屯田，也就是讓士兵們不打仗的時候都去耕田，同時也招募沒有土地的農民來耕種。這項制度早在西漢前期就有了，但一般都是在邊疆地區實行。東漢末年軍閥割據，造成大片土地荒蕪，很多百姓流離失所，曹操在自己的地盤實行屯田，既收穫了糧食，又安置了流民，慢慢恢復了經濟生產。

當時的世界

196 年，曹操迎漢獻帝。這一年在歐洲，羅馬人佔領了拜占庭。它本來是一座古希臘人建立的城市，被併入羅馬帝國一百多年後，羅馬皇帝君士坦丁把首都遷到這裏，更名為新羅馬，後來這裏被人們稱為君士坦丁堡。後來羅馬帝國分裂為東、西羅馬帝國，君士坦丁堡又成了東羅馬帝國的首都。

劉備的故事

「天下第一逃跑大王」

上個故事介紹了熱血青年曹操，這個故事該說說劉備了。歷史上真正的劉備，絕不是《三國演義》裏那副動不動就哭鼻子的窩囊樣子，他其實特別能打仗，很有野心，也很狡猾。他的經歷非常坎坷，前半輩子一直在四處奔波流浪，堪稱「天下第一逃跑大王」。

劉備，字玄德，是涿縣（今河北省涿州市）人。史書上說他樣貌怪異，據說手臂很長，垂下兩隻手能超過膝蓋，耳朵也很大，甚至一轉頭能看到自己的耳朵。《三國演義》裏管劉備叫「劉皇叔」，他也動不動就說「我乃中山靖王之後」。這些倒是沒有錯，按輩分他確實比漢獻帝大一輩，所以被稱為「皇叔」。問題是，當時天下的劉氏宗族沒有一萬也有八千，光論輩分，「皇叔」有的是，所以劉備的這個「皇叔」其實沒甚麼含金量。

所以，別看劉備和皇帝沾親帶故，可他家境很貧寒，很小的時候父親就去世了，他和母親靠賣草鞋、織蓆子勉強維持生活。不過他很有志向。他家院子裏有一棵枝繁葉茂的大桑樹，看着好像車的傘蓋一樣。小劉備和小夥伴一起玩時，曾經指着這棵桑樹吹牛：「等我長大了，一定會坐上帶着這樣的車蓋的馬車！」當時只有達官貴人才能坐車，劉備這話的意思是，自己以後會富貴。劉備後來確實當上了皇帝，所以夢想還是要有的，萬一真的實現了呢？

劉備和他的老祖宗劉邦一樣，也不愛讀書，喜歡騎馬打獵等各種玩樂。他平時不愛說話，總是面無表情，別人也不知道他是生氣還是高興。不過他在家鄉結交了很多朋友，人氣很高，很多年輕人都聽他的。

「黃巾起義」爆發後，劉備也拉起了一支隊伍。《三國演義》中有一個「桃園三結義」的故事，歷史上其實沒有這件事，不過關羽、張飛的確是從這段時期開始跟着劉備的。三個人雖然沒結義，但感情也確實好得跟親兄弟一樣，平時劉備走在外面，關羽、張飛都跟在他身旁，寸步不離，晚

上睡覺也是睡一張牀。劉備帶着他們和黃巾軍打了幾仗，立下了功勞，朝廷任命他為安喜縣縣尉，一個類似於現在的副縣長的官職。

這天有一位督郵（代表太守到縣鄉督察的官員）來安喜縣出差，劉備上門求見，督郵擺起了官架子，不肯見他。劉備一下發火了，直接闖進去，把督郵五花大綁，揮起棍子狠狠打了他二百下，然後把自己的官印套在他的脖子上，直接棄官跑路了。後來《三國演義》把這事改到了張飛的頭上，這就是「怒鞭督郵」的故事。所以你看，真正的劉備其實是一副火爆脾氣。

從此，劉備就開始了到處流浪、見人就認大哥的生活。他投靠過公孫瓚（zàn，粵音讚），也跟隨過徐州牧陶謙。陶謙生病去世，臨終前讓劉備接管徐州，劉備第一次有了自己的地盤。可是沒過多久，徐州就被呂布奪走了，劉備只好又去投奔曹操。兩位未來的天下梟（xiāo，粵音驍）雄，還真在一起相處過不短的時間。

曹操這時候正想奪取徐州，他收留了劉備，封劉備當豫州牧，又資助了他不少兵馬糧草，讓劉備替自己打頭陣。結果劉備又被呂布打敗，後來還是曹操親自出馬，才把呂布圍困在了下邳（pī，粵音皮），最後生擒並處死了他。

平定徐州後，曹操給劉備升了官。平時出門，他讓劉備和自己坐同一輛車；在官署裏，他讓劉備和自己坐同一塊蓆。可是，曹操做的這些都是表面工夫，他看出劉備很有野心，能力也強，心裏對他其實很防備。

劉備也時時提防着曹操。有一次兩人邊吃飯邊聊天，曹操來了句：「當今天下英雄，只有你和我兩個，袁紹那種人根本不值一提。」劉備正吃着飯呢，一聽這話，嚇得手裏的匙羹、筷子都掉到地上了。後來到了《三國演義》裏，這一段就變成了「青梅煮酒論英雄」。

劉備為甚麼會害怕呢？因為他心裏有鬼。曹操當初營救漢獻帝確實有功，可是到了後來，他勝仗越打越多，實力越來越強，也開始像董卓一樣專權起來。漢獻帝對他非常不滿，寫了一封祕密詔書藏在衣帶裏，由老丈人董承轉交給劉備，請他想辦法殺掉曹操。劉備還沒來得及動手呢，曹操就說了這句話，他生怕曹操知道了自己的祕密，這才害怕。

劉備的運氣還真不錯，曹操沒有發覺他的密謀，後來又派他駐紮徐州，劉備也就沒繼續參加暗殺曹操的行動。而董承他們計劃敗露，都被曹操殺了，劉備逃過一劫。不過，劉備還是覺得曹操早晚會對自己下手，便先下手為強，偷襲殺掉了曹操的心腹、徐州刺史車冑（zhòu，粵音就），重新佔領了徐州，準備投靠曹操當時最大的對手袁紹。

　　曹操一聽劉備背叛，奪取了徐州，頓時火冒三丈，立刻親自領兵來打劉備。這時候曹操本來已經快和袁紹展開決戰了，許多將軍都勸他：「現在和您爭奪天下的是袁紹，您卻不管袁紹，反而東征劉備，要是袁紹乘機從背後進攻，那該怎麼辦呢？」曹操卻搖頭：「劉備是人傑啊，現在我不打他，必有後患。至於袁紹，這人性格猶豫，做甚麼決定都很慢，肯定不敢來打我。」還是領兵去打劉備了。

　　劉備當然抵擋不住曹操的大軍，又一次被打得屁滾尿流。這次敗得更慘，連關羽都被曹操捉住了，劉備只好又去投靠袁紹。正如曹操預料的那樣，直到曹操回去，袁紹都沒有來偷襲。

　　曹操雖然打敗了劉備，可是真正的大戰才剛剛開始，他與袁紹這對昔日的好友，如今就要為爭奪中原而展開決戰，這就是著名的「官渡之戰」。

知識加油站 制度

太守、刺史、州牧都是甚麼官？

　　大家不論是讀三國時期的歷史，還是看小說《三國演義》，都會遇到很多官名，比如前面講到劉備擔任過的豫州牧，還有太守、刺史。這些官都是做甚麼的，有甚麼區別呢？

　　漢武帝元封五年（公元前 106 年），將全國分為十三州，州下面設郡，每州有一名刺史，負責這個州的監察工作。到了成帝時，刺史改稱為州牧，負責管理地方的行政。東漢時，光武帝將州牧改回刺史。靈帝時，朝廷為鎮壓「黃巾起義」再設州牧，並提高其地位，居郡守（即太守，一郡的長官）之上，掌握一州軍政大權，如劉備擔任豫州牧、劉表擔任荊州牧、袁紹擔任冀州牧。正是因為這一變動，才出現了地方勢力割據的情況。

官渡之戰
北方燒起了一把火 ∙∙∙∙∙∙∙∙∙∙∙∙∙∙∙∙∙∙∙∙∙∙∙∙∙∙

　　曹操北上的時候，袁紹也大舉南下來進攻他了，一場決戰已經箭在弦上。

　　袁紹和曹操年輕時一同在朝廷裏當官。袁紹家是當時有名的豪門望族，號稱「四世三公」，意思是連續四代都出了三公級別的大官，相當於好幾任國家總理都是他們家的人。

　　董卓在洛陽專權的時候，袁紹逃回了老家河北，打出討伐董卓的旗號招兵買馬，後來又吞併了韓馥、公孫瓚等人的地盤，差不多佔據了整個河北，成了最強大的割據勢力。他和曹操的地盤緊挨着，無論誰想要奪取天下，都得先消滅對方。這樣一來，雙方的決戰就不可避免了。

　　袁紹的第一個目標是東郡的白馬（今河南省滑縣東北），他派大將顏良前去攻打，曹操趕緊領兵救援。曹操聽取了謀士荀攸（yōu，粵音由）的意見，先率領主力部隊裝作要渡過黃河、前往延津的樣子，等吸引了袁紹主力後，卻讓張遼、關羽當先鋒，領兵直奔白馬，從後方攻擊顏良的軍隊。

顏良這邊正在進攻白馬，沒想到曹操突然派兵從身後打過來，頓時大吃一驚：「說好的要過黃河呢？」顏良匆匆忙忙迎戰，因為來不及準備，防守出了破綻，關羽趁機殺了進來，一下把顏良刺死。袁軍羣龍無首，很快被曹軍打敗，「白馬之圍」就這樣解除了。關羽也因為這次的戰功，被封為漢壽亭侯。

袁紹得知顏良陣亡，趕緊派大將文醜和劉備前來進攻。曹操故意讓士兵把糧草、物資、財寶丟得遍地都是，還讓騎兵們解下馬鞍，放走戰馬。沒過多久，文醜和劉備率領騎兵部隊趕過來了。袁軍的軍紀很差，士兵們一看遍地都是好東西，擁上去就搶，亂成了一鍋粥，誰也不聽統帥的號令了。

曹操正等着這個機會呢，他一聲令下，早就準備好的曹軍騎兵立刻殺了出來。袁軍毫無防備，又被打敗了，文醜也在亂軍中被殺。劉備見勢不妙，趕緊收拾殘兵敗將逃跑了，那些剛搶到的東西又回到了曹操的手裏。

經過這一戰，關羽發現劉備原來在袁紹的手下。當初曹操非常欣賞關羽，也知道關羽歸順只是迫不得已，於是經常重賞他，還讓張遼勸他留下來。關羽卻歎氣說：「曹公對我太好了。可是劉備將軍對我有大恩，我不能背叛他。等我立了功，報答了曹公，就得走了。」

如今關羽殺了顏良，又得到劉備的消息，便準備離開曹操。他把曹操賞賜給自己的那些珍寶全都封存好，又寫了一封信向曹操告辭，然後投奔袁軍

去找劉備。曹操的手下都想把關羽追回來，曹操卻不同意，他説：「各為其主，算了吧。」

這時候，袁紹把進攻重點轉向了官渡（今河南省中牟縣東北）。曹操這邊嚴加防禦，始終沒有讓袁紹得手。但曹操的兵力本來就少，堅持了幾個月之後，糧草也耗光了，士兵們人心惶惶。曹操為了鼓勵大家，裝出信心滿滿的樣子，故意對忙着從後方運送糧草的士兵們説：「半個月後，我們一定打敗袁紹，那時你們就不用那麼勞累辛苦了。」

其實，曹操自己心裏也沒有把握。

正在這時候，袁紹有一個謀士叫許攸的，因為得罪了袁紹，跑來投奔曹操，把袁軍糧倉的位置告訴了他，建議曹操偷襲那裏。其他人都認為許攸是袁紹派來的卧底，勸曹操不要信他。曹操卻覺得，這是自己扭轉劣勢的唯一機會，再冒險也必須試試。

曹操讓曹洪留守大營，自己親自率領五千敢死隊，趕了一整夜的路，凌晨之際趕到了袁軍的糧倉。守將淳于瓊，看曹軍人數很少，就沒當回事，一邊退回營地防禦，一邊向袁紹報告，袁紹趕緊派出騎兵來救援。

大家應該能看出來了，這時曹操相當於在和時間賽跑，這一戰是輸是贏，就看他能不能在袁紹大軍趕過來之前拿下糧倉。將士們都知道這一點，一個個都殺紅了眼，像潮水一樣一次次撲向糧倉。

曹操攻打糧倉的時候，偵察兵們也在緊盯袁紹的動向，一遍遍報告：「敵人的騎兵近了，請主公迎敵！」曹操聽煩了，告訴他們：「等敵軍到身後了，你們再報告！」説話間，曹軍終於衝進了營壘，把淳于瓊打得大敗，燒掉了糧倉裏的全部糧草。

這一下，袁、曹兩軍的地位顛倒了過來。袁紹聽説糧倉丟了，起先還假裝鎮定，心想，曹操能聲東擊西，我就不能？他派張郃（hé，粵音盒）、高覽去進攻曹操的大本營。沒想到張郃、高覽覺得這一仗輸定了，乾脆投降了曹軍。緊接着曹操又開始反擊，袁軍聽説沒了糧草，全都無心戀戰，兵敗如山倒。袁紹只好丟下敗軍，帶着兒子袁譚慌慌張張渡過黃河，逃回了河北。

曹操渡過黃河乘勝追擊。袁紹又急又氣，很快生病去世，他的幾個兒

子又自相殘殺起來，最終被曹操逐一收拾了。就這樣，曹操徹底消滅了袁紹勢力，基本統一了北方。隨後，曹操把目光轉向了南方。

征討烏桓與《觀滄海》

　　曹操平定北方後，袁紹的兒子袁尚、袁熙投奔了今天冀東、遼寧一帶的烏桓族。

　　烏桓族屬於東胡族的一支，長期生活在北方，也像匈奴一樣時不時騷擾中原地區的百姓。曹操為斷絕袁氏復起的後患，穩定北方局勢，親自率領大軍北上征伐烏桓，將烏桓打得大敗，殺死了袁氏兄弟。

　　得勝回師途中經過碣（jié，粵音揭）石山，曹操寫下了著名的《觀滄海》。

《觀滄海》

東臨碣石，以觀滄海。

水何澹澹（dàn，粵音氮），

山島竦峙（sǒng zhì，粵音慫似）。

樹木叢生，百草豐茂。

秋風蕭瑟，洪波湧起。

日月之行，若出其中；

星漢燦爛，若出其裏。

幸甚至哉，歌以詠志。

當時的世界

　　199 年，羅馬教宗維篤一世去世，他是歷史上第一位出生於非洲的教宗。200 年，「官渡之戰」。

孫氏佔據江東

十八歲的江東少主 ......

　　看了這麼多歷史故事之後，大家大概會想，這些歷史人物的一生真精彩，如果自己也能有他們這樣的經歷就好了。其實，雖然這些故事看起來非常精彩，但真的身處在故事中人物的位置上，面對着同樣的處境，可就一點都不好玩了。孫策、孫權兄弟倆的故事就是這樣。

　　曹操不斷掃除各地割據勢力的時候，位於江東（今江蘇省南）的孫氏政權也發展起來，這個政權還要從長沙太守孫堅説起。相傳孫堅是春秋時期軍事家孫武的後代，他和祖先一樣有謀略，曾經也是討董聯軍的一員，討伐過董卓。

有一次，孫堅在城外設宴給朋友送行，董卓的大軍突然來進攻，最前面的幾十名輕騎兵已經到了。當時所有人都很緊張，紛紛催促孫堅：「我們趕緊回城吧！」只有孫堅還是該喝酒喝酒，該說笑說笑，只是下令讓部隊擺好陣形，不要輕舉妄動。

眼看董卓的騎兵越來越多，其他人更緊張了，孫堅這才起身，不慌不忙帶領大家進了城。董卓的軍隊看孫堅的士兵陣形嚴密，沒有一點破綻，也不敢輕易進攻，悄悄地退兵了。

孫堅向大家解釋說，自己這樣做是為了保持紀律。這就像電影院裏要是突然失火，大家情急之下肯定都一窩蜂往出口逃，很容易擁擠起來，最後誰也逃不掉。只有排隊按順序走，人才能全部逃出來。

後來，孫堅打敗了董卓好幾次，還斬殺了董卓手下的大將華雄。不過羅貫中在《三國演義》裏把這個功勞給了關羽，演繹出了「溫酒斬華雄」的故事。

儘管孫堅作戰英勇，但除了他和曹操等少數幾個人，其他各路將領卻都在打自己的小算盤，都不想真和董卓開戰。袁紹的弟弟袁術甚至對孫堅起了疑心，不肯及時給他運送糧草。孫堅特別生氣，連夜趕了一百多里路去見袁術，用刀劃地大吼：「我和董卓其實沒甚麼深仇大恨，我這麼拚命作戰，只是想要為國家討伐逆賊，可您卻聽信小人搬弄是非，居然懷疑我！」袁術紅了臉，趕忙給他供應糧草。

討董聯軍最後還是散夥了，孫堅跟着袁術回到南方，後來在攻打劉表時中箭去世。他的長子孫策、次子孫權那時年紀都還很小，孫策十六歲，

孫權只有九歲。得知父親的死訊，兄弟倆非常傷心，決心繼承父親的事業，為他報仇。他們安葬了父親，去投奔了父親的老上司袁術。袁術很喜歡孫策，因為孫策長得英俊帥氣，又和他父親一樣強壯勇猛，性格還很開朗，喜歡說說笑笑。袁術感歎說：「我的兒子要是像孫策這樣，我死了也沒遺憾啊！」

可是喜歡歸喜歡，袁術還是很防備孫策，他好幾次答應讓孫策當官領兵，到頭來又翻臉不認。有一次，揚州刺史劉繇（yóu，粵音由）和袁術打仗，孫策主動申請去攻打劉繇。這次袁術總算同意了，但只肯給他一千多名士兵。

就憑着這麼點人馬，孫策卻打敗了劉繇，還剿滅了盤踞吳郡一帶的一大羣強盜。孫策的隊伍一點點發展壯大，佔領了江東好幾個郡，孫策封自己為會稽太守。

沒過多久，袁術頭腦發熱，打算當皇帝。孫策立刻寫信把袁術痛斥了一頓，從此與他斷絕往來，自己也正式獨立，割據江東。

孫策的發展也引起了曹操的注意。他覺得這個年輕人以後會很不好對付，說了句：「孫策是條『小瘋狗』啊，難以和他爭鋒。」當時，曹操正忙着和袁紹決戰，為了防止孫策在身後搗亂，曹操給了他一個吳侯的爵位，還和孫氏聯姻。但孫策仍然想進攻曹操，他眼看「官渡之戰」打起來了，便盤算着偷襲許昌，把漢獻帝接到江東來。可就在這時候，有一個意外打亂了孫策的計劃。

孫策佔據江東的時候，吳郡太守許貢很不服他，悄悄給曹操寫信，建議曹操召孫策去許昌，把他放在眼皮底下看管。沒想到這封信讓孫策截獲了，孫策一看就憤怒了：原來你小子是內奸！於是把許貢給殺了。許貢有三位門客一直想為主人報仇，這天孫策一個人騎馬外出，三位門客總算是找到了機會，一起跳出來圍攻他，孫策拚命和他們搏鬥，但還是被打成了重傷。

孫策勉強支撐着回去，預感到自己活不了多久了，於是叫來下屬張昭等人，向他們交代後事。他對張昭他們說：「中原正一片大亂，憑我們的兵力和江東的險固，足以等待時機。各位請好好幫助我弟弟。」他又把

弟弟孫權叫過來，把印綬交給他，對他說：「要說率領江東的士兵在兩軍陣前決戰，與天下爭鋒，你不如我；可要說舉賢任能，使大家各自發揮才能，保衞江東，我又不如你了。弟弟，江東交給你了。」交代完後事的當夜，只有二十六歲的孫策就去世了。

孫策死後，年僅十八歲的孫權繼承了他的官職，開始掌管江東。在張昭、周瑜等人的輔佐下，他繼續招攬人才、積累實力，為日後三分天下奠定了基礎。

知識加油站 文化

總角之好

孫堅攻打黃巾軍時，曾留下家人暫住在壽春（今安徽省壽縣）。當時孫策只有十幾歲，就在壽春結交名士，很有名氣。周瑜仰慕孫策的名氣，特地到壽春拜訪。周瑜、孫策二人同歲，並且都是少年英才，因此一見如故，很快就成了朋友。周瑜勸孫策一家移居到自己的家鄉舒縣（今安徽省廬江縣），孫策答應了。周瑜便讓出自己的大宅院給孫策住，對待孫策的母親像對待自己的母親一樣。孫策起兵時，周瑜又幫忙徵集了很多士兵和物資，幫助孫策平定江東。後來人們將孫策、周瑜這樣年幼相知的朋友稱為「總角之好」。

隆中對

如魚得水的好幫手 ●●●●●●●●●●●●●●●●●●●●●●●●●●

　　前面講到，曹操在「官渡之戰」中大破袁紹，統一了北方。大家猜一猜，這時候劉備在做甚麼呢？答案很簡單：他又跑路了。劉備誰都投靠，可是從不打算跟隨對方一輩子，一直想着有一天要自己當老大。如今眼看袁紹敗局已定，他趕緊又一次收拾兵馬，帶着關羽、張飛跑了。

　　北方基本上都是曹操的地盤了，他們混不下去，只好往南方逃，投靠了荊州牧劉表。劉表對劉備很客氣，但畢竟劉備是出了名的愛跳槽，所以劉表對他也很提防，只讓他駐紮在一座叫新野（今河南省新野縣）的小城。劉備雖說暫時站穩了腳跟，可是心中卻很鬱悶。他都人到中年了，回首自己這大半輩子，一直都在東奔西跑，投靠這個投靠那個，事業始終不見甚麼起色。年少時的理想遲遲實現不了，未來的出路又不知在哪裏。難道自己只能給人打一輩子工嗎？

　　劉備下意識地拍了拍腿，才發現自己的腿粗了好多。之前他經常打仗，整天坐在馬背上，腿上的肌肉也鍛鍊得很結實；如今不打仗了，人也胖了，腿上也長出肥肉了。劉備不由得感歎：「日子過得太快了，我都快要老了。」這段故事後來引出了一個成語「髀肉復生」，形容日子過得安逸，碌碌無為。

　　大家能看出劉備的問題在哪嗎？劉備想了好久才明白，自己最大的問題是沒有目標，整天投靠這個投靠那個，像「盲頭烏蠅」一樣到處瞎撞，事業當然不會有起色。可到底要往哪個方向努力，他自己也搞不清楚，需要有個目光更長遠的人來指點自己。可這樣的高人哪裏能找到呢？

　　好在荊州有不少豪門望族，這些人在當地有勢力、有人脈，還有不少人很有才幹和見識，劉備很注重和他們結交，就這樣認識了一位叫徐庶的名士。劉備和他提起求賢的打算，徐庶告訴他：「我有一個朋友，號『臥龍』，將軍願意見一下他嗎？」

「臥龍」是誰？正是大名鼎鼎的諸葛亮。一提起他，大家也許會想到《三國演義》裏的那個形象：頭戴綸（guān，粵音關）巾，身穿長袍，手裏搖着鵝毛扇，甚麼事掐指一算就知道是怎麼回事，跟半仙一樣。其實，真實的諸葛亮沒有那麼神機妙算，但也是非常有才幹的一個人。

　　諸葛亮字孔明，家族是山東琅琊一帶的名門望族，他小時候隨父親躲避戰亂，來到了荊州。父親去世後，諸葛亮每天下地種田，讀書，和當地的一些名士們來往。他愛吟唱《梁父吟》，喜歡把自己比作春秋賢臣管仲、戰國名將樂毅，其他人聽了都覺得諸葛亮在吹牛，只有好朋友徐庶、崔州平相信諸葛亮以後一定能成就一番事業。

劉備聽徐庶這麼一說，覺得可以見見諸葛亮，就對徐庶說：「那您把他請來吧。」徐庶搖搖頭：「您叫他來，他可不會來的，您得親自去請才行。」於是劉備親自去請諸葛亮。《三國演義》裏有一段「三顧茅廬」的故事非常精彩曲折，歷史上其實並沒有這回事，但劉備也確實是去了三次才見到諸葛亮。

諸葛亮身高一米八幾，相貌堂堂，談吐不凡，果然是個人才。劉備讓隨從們全都退下，虛心向他求教：「如今漢室衰微，奸臣專權，我不自量力，想要拯救天下，可又才智短淺，到現在都沒甚麼成就，您覺得我應該怎麼辦呢？」

諸葛亮得知劉備想請自己當謀士之後，就在觀察劉備了，也反覆分析過劉備這些年來的問題，還為他做好了未來的發展計劃。劉備這麼一問，他一口氣說出了自己的設想：「自從董卓專權開始，各地的豪傑紛紛起兵。比如曹操，本來他名望不高，兵力也少，卻在『官渡之戰』擊敗了袁紹，這不光是因為時機好，也因為有好的計劃。如今曹操兵力這麼強，又打着天子的旗號，您沒法和他較量，只能躲着他。還有江東的孫權，他有長江天險，百姓們也擁護他，手下還有很多人才，您可以向他請求援助，但不要打他的主意，打主意也沒用。」

劉備一聽，諸葛亮對這兩家分析得還真準，趕緊問：「那我能打誰的主意呢？」諸葛亮指着地圖讓他看：「我們所在的荊州，位置非常重要，可它的主人劉表沒甚麼能耐，守不住它，這是上天要把它送給您啊，您對這裏有沒有甚麼想法？」說着又指向地圖的西邊，「益州（今四川省、重慶市及雲南省）地勢險要，又有着千里良田。當年漢高祖劉邦就是以這裏為基地，成就了大業。可是佔據這裏的劉璋也沒甚麼本事，他的手下都希望能有一個有能力的領導。」

說完這一番話，諸葛亮做總結了：「將軍您是劉姓宗室，天下人都知道您特別講信義。您要是能奪取荊州、益州，對內好好治理，對外和孫權搞好關係，等到北方中原有了變化，您讓一員大將率領荊州的軍隊攻打南陽、洛陽一帶，您親自率領益州的軍隊攻打陝西、甘肅一帶，分兩路北伐。中原的百姓們肯定特別歡迎您，那時候就可以成就霸業、復興漢室了。」

諸葛亮的這番分析，被後人稱為「隆中對」。他一下說到了劉備的心坎裏，劉備頓時明白了該怎麼做，當場請求諸葛亮出山輔佐自己。諸葛亮就等着劉備的邀請呢，所以很痛快地答應了他，跟他回到了新野。

從此，諸葛亮成了劉備最重要的幫手，輔佐他打天下。劉備把自己得到諸葛亮形容為魚得到了水，這就是成語「如魚得水」的由來。接下來的許多年裏，劉備一直按諸葛亮的設想發展，終於和曹操、孫權三分天下。

荊州為甚麼那麼重要？

荊州包括今天的整個湖北和湖南的大部分地區，還有河南南邊的一部分，貴州、廣東、廣西邊緣小部分地區。從荊州往北是中原地區，當時是曹操的地盤；往東是江東，孫權的地盤；往西就是四川，後來劉備的地盤。因此這裏也就成了曹、劉、孫三家互相爭奪的重要戰場。

當時的世界

207年，「隆中對」。羅馬帝國此時是塞維魯斯皇帝在位，他本來是北非的一名總督，後來發動叛亂，佔據了羅馬，自稱皇帝。也差不多是在這一時期，美洲的瑪雅文明正在向巔峯發展，瑪雅曆法、瑪雅金字塔、瑪雅文字都是在這時成熟完善的。

長阪坡之戰

劉備是不是偽君子？

關於劉備這個人物，不知大家有沒有聽過這樣的說法：劉備就是個偽君子，只會靠假仁假義收買人心。魯迅就說過，《三國演義》想把劉備塑造成一個大好人，結果寫出來更像是偽君子。其實在歷史上，劉備與曹操等人相比，確實算得上愛護百姓，這從「長阪坡之戰」就能看出來。

諸葛亮出山沒多久，曹操就大兵壓境，準備佔領荊州。這時候劉表剛去世，繼承他位子的是他的次子劉琮（cóng，粵音蟲）。劉琮非常害怕，決定向曹操投降。但他也知道劉備肯定不會同意，所以故意不把這個決定告訴劉備。結果曹操大軍都快到了，劉備才得知劉琮的打算。劉備知道自己抵擋不了曹操大軍，頓時又氣又急。

這時諸葛亮出了個主意：我們乾脆搶先去打劉琮，佔據整個荊州。可劉備覺得這樣不合適，畢竟劉表收留了自己，自己反過來打他兒子，實在不忍心。諸葛亮便又建議他前往江夏（今湖北省武漢市江夏區），去投奔劉表的大兒子劉琦。

劉表有兩個兒子，長子劉琦和次子劉琮。劉表為劉琮迎娶了繼室蔡氏的姪女，蔡氏因此喜歡劉琮，經常在劉表面前說劉琦的壞話。這也讓劉琦很苦悶，總擔心自己會被害死。他曾請諸葛亮給自己出主意，諸葛亮建議他模仿春秋時的公子重耳，遠離劉表一家。劉琦按諸葛亮說的去做，當了江夏太守，這樣起碼安全了。所以劉琦一直很感謝諸葛亮。

　　劉備覺得投奔劉琦是個好主意，連忙收拾兵馬向江夏進發，又讓關羽率領水軍先走一步，前往江陵駐紮。可是沒想到，劉備的軍隊正要走，附近的很多百姓都扶老攜幼圍過來了，足足有十多萬人。原來他們都擔心曹操來了會屠城殺降，又知道劉備很愛護大家，於是都想跟着他逃亡。大家想一想，如果劉備真的是假仁假義，百姓們會主動跟着他嗎？

　　這下劉備為難了：帶着這麼多百姓，有老人，有婦女，還有孩子，根本走不快，萬一讓曹操追上來，大家就全完了。所以

有人就勸劉備別帶這些百姓了，還是儘快趕到江夏吧，那樣才安全。可劉備又不同意，他說：「想成就大事，必須把人作為根本。現在百姓們都來歸順我，我怎麼忍心丟下他們不管呢！」結果這支浩浩蕩蕩的隊伍只能一點點向東走，像一大羣蝸牛一樣，走了好多天也沒走出多遠。

劉備逃走沒幾天，曹操已經不費一兵一卒就佔領了大半個荊州，差不多只剩江夏、江陵這幾個地方沒拿下了。曹操根本不把劉琮這些人放在眼裏，唯獨提防着劉備。他得知劉備逃亡和派關羽去江陵的消息後，頓時警惕起來：江陵儲藏着很多糧草和軍用物資，劉備得到後實力會增強很多，不能讓他得到！拿下荊州本來是個重大勝利，可曹操顧不上慶功，立刻親自率領最精銳的騎兵部隊——虎豹騎去追擊劉備。

虎豹騎的行軍速度本來就非常快，中間又不休息，一天一夜跑了三百多里路，很快就在當陽一帶追上了劉備。劉備的兵力本來就少，論戰鬥力又根本不是虎豹騎的對手，一下就被擊潰了。許多手無寸鐵的百姓也都被曹軍殺害，剩下的趕忙四散逃命，到處都是號哭和呻吟聲。劉備只好丟下老婆孩子，帶着趙雲、張飛、諸葛亮和很少一批騎兵逃跑。幸虧趙雲抱着劉備還小的兒子劉禪（shàn，粵音善），又保護了他妻子甘夫人，母子倆這才幸免於難。

跑着跑着，曹軍快追上來了，劉備趕緊讓張飛斷後。張飛雖然沒有《三國演義》裏那麼又傻又大膽，但也是當時天下屈指可數的猛將。他率領二十多名騎兵，手握長矛守在長阪橋旁，眼看曹操大軍殺過來了，他瞪起眼睛，一聲怒吼：「我就是張飛！來和我決一死戰啊！」

這聲大吼，恨不能把橋下的河水都吼得倒流回去。曹軍都被他這股氣勢震懾住了，他們又不知虛實，擔心張飛身後埋伏着大軍，不敢殺過去。張飛和他們大眼瞪小眼對峙了一會，才慢慢悠悠撤退，曹軍到底也沒敢追上來。

劉備這才鬆了口氣，繼續往東逃。逃着逃着，前面突然又出現一支隊伍，劉備嚇了一跳：難道又是曹軍？等那支隊伍走近了，才看清是孫權的使者——魯肅。

曹操進攻荊州的時候，孫權就緊張起來了。荊州緊挨江東，又位於

長江上游，曹操一旦拿下荊州，下一步肯定是沿長江順流而下進攻自己。魯肅自告奮勇去荊州探查敵情，他準備以劉表剛死，自己過來慰問作為藉口，趁機勸說劉琦、劉琮一同抵抗曹操。孫權同意了。可魯肅沒想到，自己剛到劉表的地盤，劉琮已經投降了。他又聽說劉備正在向東逃跑，馬上改了主意，決定不再理會劉琮，改為和劉備聯合，這才來找劉備。

絕望中的劉備見到魯肅，好像在黑暗中見到一線光明。但劉備畢竟吃敗仗吃習慣了，他沒有急着高興，因為他不知道孫權現在是怎麼想的。要知道，曹操這時是漢朝的丞相，孫權名義上仍然要服從他，假如孫權也像劉琮那樣害怕曹操，直接投降也是有可能的。那樣的話，劉備就徹底沒希望了。

魯肅問劉備，接下來打算怎麼辦。劉備沒有直說，只說自己想去投奔蒼梧太守吳巨。魯肅馬上勸他：「吳巨很平庸，哪能和我們孫將軍比？孫將軍又英明又得人心，您還不如和他共建大業。」劉備一聽，放下心來：果然孫權也想和自己聯合。他一邊派諸葛亮跟着魯肅去江東，商量聯合抗曹的事，一邊和關羽、劉琦會合，一起逃到夏口。

知識加油站 軍事

趙雲是劉備的衛隊長

《三國演義》裏有一齣「趙雲七出長阪坡」的劇情，趙雲在書中簡直成了超級英雄。其實在歷史上，趙雲遠沒有那麼厲害，那些戰績大多數都是虛構的，他的地位也比關羽、張飛等人要低，相當於劉備的衛隊長。所以在長阪坡的亂軍中，是由趙雲負責保護劉備的家屬。

赤壁之戰

一把火，燒出了三分天下 ······························

　　「赤壁之戰」是《三國演義》裏非常重要的一段故事。不過，你們知道這一戰在歷史上是甚麼樣的嗎？真正的「赤壁之戰」沒有小說裏「借東風」之類神乎其神的內容，但也非常精彩。

　　前面講過，曹操大軍壓境，劉備、孫權坐到了同一條船上。為了共同抵抗曹操，諸葛亮代表劉備，跟着魯肅來到了江東，跟孫權商定聯合抗曹。

　　沒過多久，曹操派使者給孫權送來一封戰書，寫道：「我奉天子之命討伐叛逆，軍旗剛往南方一指，劉琮就投降了。如今，我統領八十萬大軍，要與將軍在吳地一道打獵。」曹操故意說自己是來打獵的，這是一種客氣的說法。

　　孫權把這封信給大臣們看，很多人都嚇壞了，張昭就一個勁兒主張投降。孫權心裏很惱火，藉口上廁所出去了，魯肅趕緊追上來給他打氣：「那些主張投降的人肯定會壞您的事。我們能投降，您不能。我們投降了，最差也能當一個州、郡級別的官；您投降了，能去哪呢？您別聽他們的。」魯肅又給孫權出了個主意，讓他把一個人召回來，他一定能抵抗曹操。這個人正是周瑜。

　　周瑜原來是孫權的哥哥孫策的好朋友，孫策、周瑜還娶了一對姐妹大喬、小喬。孫策去世後，孫權一直很信任周瑜，如今一聽魯肅這話，便趕緊把周瑜

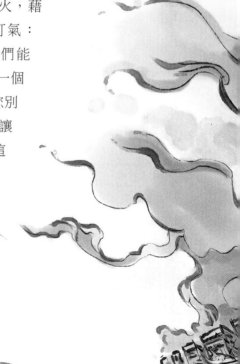

從鄱陽（今江西省鄱陽縣）召了回來。周瑜給他分析形勢：曹操其實沒有那麼強。曹軍從中原來到這裏，趕了很遠的路，都很累了，士兵們又不擅長水戰，水土不服，很容易生病，兵力更是遠沒有曹操吹的那麼多。孫權聽了他的分析，放下心來，他拔劍砍掉書案的一角，說：「再有敢說投降的人，他的下場就像這張書案一樣！」這下，張昭他們誰也不敢再吭聲了。

孫權當即任命周瑜、程普統領三萬水軍，和劉備的軍隊會合，一起抵抗曹操。他們逆長江而上，在赤壁（今湖北省赤壁市西北）碰上了曹操的船隊。周瑜還真說中了，曹軍兵力雖然很強，但當時軍隊裏疫病流行，很多士兵都病倒了；他們又不擅長水戰，江面上風浪大，戰船一顛簸，士兵們全都暈頭轉向、噁心嘔吐。這樣一來，曹軍根本不是孫劉聯軍的對手，一交手就吃了敗仗。

　　曹操本想速戰速決，一看這個樣子，知道短期內沒法打敗孫劉聯軍，只好讓水軍靠到長江北岸，和陸軍一起紮營，又把一艘艘戰船連在一起，這樣無論人還是馬，走在船上就穩當多了。之後他們每天練習各種戰術，為日後打持久戰做準備。

　　這時候，周瑜手下的黃蓋看出了曹軍的弱點：戰船全都連在一起，一艘船着了火，其他相鄰的船也會被燒。所以對付曹軍，最好的辦法就是火攻。周瑜覺得他說得很有道理，於是選了數十艘速度非常快的戰船「艨艟（也寫作「蒙衝」）」、鬥艦，裏面裝滿了乾柴、乾蘆葦，又澆上油，只要一沾上火花，整艘船都會燒起來。他們又給這些戰船蒙上大布，插上旗幟。然後，黃蓋派人偷偷給曹操送信，表示願意投降。曹操正發愁怎樣才能打敗周瑜，收到黃蓋的信非常高興，和他約定了投降的時間。

　　約定的時間一到，黃蓋率領着船隊，乘風破浪向江北開過去。當時江面上風很大，所以他們的船速非常快，不一會就能看到曹營了。黃蓋一聲令下，士兵們同時點燃了數十艘船，這些船像幾十支火箭一樣，嗖嗖嗖地飛向曹營。曹操這才發現不對勁，趕緊下令攔住這些船，可是已經來不及了，它們紛紛撞上曹軍的戰船，立刻點着了它們。這些連在一起的戰船很快就一艘接一艘着起了火。火勢又蔓延到岸上的陸軍營地，一整片曹營都陷入了火海。

　　周瑜知道黃蓋得手了，立刻下令全軍出擊，孫劉聯軍的戰船浩浩蕩蕩開過長江。這時候曹操的大軍亂成了一鍋粥，士兵們被燒死、淹死的不計其數。曹操看無力回天，只好收拾起殘兵敗將，從華容道逃跑。

　　曹操這一路逃得極其狼狽。華容道上滿是泥濘，又颳着大風，為了趕快逃出去，曹操逼着所有的老弱殘兵背着草趴在泥地裏，鋪成一條人肉地

毯，讓戰馬踩在他們身上過去，很多士兵就這樣被踩死了。周瑜、劉備他們在後面緊緊追趕，但到底還是沒追上，讓曹操逃回了北方。

「赤壁之戰」中曹操一敗塗地，他錯過了統一天下最好的機會。後來，他又有過幾次南征，但始終沒甚麼進展。孫權、劉備倒是藉着這場勝利，從曹操手中奪回了荊州的不少土地。這場大戰過後，天下逐漸形成了曹、劉、孫「三足鼎立」的局面。

黃蓋詐降的船隻是甚麼樣的？

「赤壁之戰」中，黃蓋率領的快船叫作「艨艟」，也可以寫作「蒙衝」。這種船外形又細又長，水流的阻力很小，所以速度很快。船身蒙着堅硬的生牛皮用來擋箭，兩側的船舷各開着一排小孔，船槳從裏面伸出來；船身的前後左右也都開着小孔，士兵們可以躲在船艙裏，從小孔向外射箭、刺矛等。

當時的世界

208 年，「赤壁之戰」。這一年的羅馬帝國，塞維魯斯皇帝同樣吃了一場敗仗，他出兵進攻不列顛，但很快就被當地民眾趕了回去。三年之後，他就病重而死。

劉備取成都

終於搶了塊地盤 ·

上個故事講到,「赤壁之戰」中,曹操慘敗,只好退回北方;孫權獲勝,保全了江東;連最弱小的劉備都在荊州安頓了下來,終於不用再到處逃命了。不過劉備也知道,自己只是暫時安全,他很快開始計劃向西進攻益州,這也是諸葛亮之前設定的目標。

劉備的運氣還真不錯,他正琢磨進攻益州呢,益州牧劉璋就主動來請他了。原來,當時劉璋和割據漢中的張魯一直在打仗,謀士張松勸劉璋把劉備請過來,幫他保衛益州,抵禦張魯。劉璋覺得挺有道理,便同意了。

可是劉璋不知道,張松其實早已成了劉備的臥底。之前劉璋想歸順曹操,派張松出使曹操那裏,結果曹操根本沒把張松當回事。張松非常惱火,不僅沒提歸順這事,反而背地裏投奔了劉備。眼下他是在跟劉備合夥騙劉璋。

聽說劉璋要請劉備來益州,很多大臣都反對。黃權就說:「劉備是一

隻『梟（古人認為牠是一種不孝的惡鳥）』，野心很大。您要是把他當部下，他肯定不知足；要是把他當賓客，一個國家容不下兩個主人，您不可能安全。」另一位大臣王累甚至把自己倒吊在城門上，告訴劉璋，要是請劉備來，自己就死在城門前。結果劉璋全都不聽，還是派手下的法正等人去迎接劉備，王累就這樣死了。

劉備收到劉璋的邀請，非常開心，悄悄開始準備。他讓諸葛亮、關羽這些老部下鎮守荊州，自己帶着龐統、黃忠、魏延等新人進入益州。劉璋設宴款待他。軍師龐統建議劉備事先做好準備，乾脆在宴席間把劉璋拿下，整個益州就都是他們的了。但劉備覺得自己剛來益州，無論是當地百姓還是劉璋的手下都不服自己，就算拿下劉璋也控制不了益州，便沒有聽

龐統的話，這場宴會熱熱鬧鬧地召開、順順利利地結束。劉璋見了劉備非常親熱，還給了劉備不少兵馬，讓他駐紮葭（jiā，粵音加）萌關去攻打張魯。

可是沒過多久，劉備、劉璋的關係就惡化了。原來，劉備這段時間一直在和張松祕密通信，有一次張松的哥哥發現了張松寫給劉備的信，哥哥舉報了他。劉璋一聽，這還了得？立刻處死了張松。劉備的反應也非常快，馬上殺了劉璋手下兩名將領，吞併了他們的部隊，然後殺向成都。雙方這就算徹底鬧翻了。

劉備的軍隊一路節節勝利，劉璋手下的大將紛紛投降。劉備一口氣打到了雒（luò，粵音絡）城，可是在圍攻雒城的時候，龐統被守軍射死了。這讓劉備非常傷心，後來一提起龐統就流淚。為了扭轉戰局，他只留下關羽繼續守荊州，把諸葛亮、張飛、趙雲全都調來進攻益州，加上自己這一路，四路大軍分頭進逼成都。

四路當中，張飛那一路戰鬥最激烈。張飛帶兵從長江逆流而上，一直打到江州（今重慶市），巴郡太守嚴顏頑強抵抗，張飛費了大力氣才打敗嚴顏，生擒了他。張飛下令把嚴顏帶過來，衝着他大吼：「我的大軍打過來，你為甚麼不投降，還敢抵抗？」嚴顏一點也不害怕，回答說：「你們入侵益州，我怎麼能不抵抗？你殺了我吧，我們益州只有斷頭將軍，沒有投降將軍。」

張飛更憤怒了，大手一揮：「把他拉出去砍頭！」嚴顏還是面不改色，反問他：「砍頭就砍頭，你發甚麼怒？」張飛一聽，心想這嚴顏死到臨頭還不害怕，倒是個硬骨頭。他雖然脾氣暴躁，但一向很敬佩忠義之人，當場下令給嚴顏鬆綁，好好招待。嚴顏看張飛這個樣子，也覺得劉備的軍隊並不像自己以為的那樣會濫殺無辜，後來還是歸順了。

劉備的軍隊終於打到了成都郊外，西北名將馬超這時候也來投奔，讓劉備更是如虎添翼。他們包圍了成都幾十天，劉備派人向劉璋勸降。本來這時成都還有三萬精兵，糧食足夠支撐一年，全城百姓都想抵抗到底，可是劉璋自己卻動搖了。他哭着說：「我們父子治理益州有二十多年了，卻對百姓們沒甚麼恩德。大家苦戰了三年，荒野上淨是百姓的屍體，這都是

因為我劉璋啊。我怎麼能安心呢？」於是打開城門向劉備投降，部下們看了都傷心落淚。

劉備對劉璋倒是還不錯，封他為振威將軍。其實劉璋既不能「振」也沒甚麼「威」，更當不了將軍，這就是個空頭銜。他每天好吃好喝，安安穩穩活了好些年，最後病死了。

劉備用了三年時間拿下益州，終於擁有了一塊完全屬於自己的地盤。不過益州北面的漢中卻落到了曹操手中，曹操隨時可以從那裏向自己進攻。於是劉備又發動了「漢中之戰」，這也是「赤壁之戰」後，他和曹操的又一次交手。

知識加油站 經濟

蜀漢直百錢

劉備取得益州後，為財政壓力和軍費緊張頭疼不已。於是他在屬下劉巴的建議下，鑄造直百大錢，在其統治地區發行。這種錢幣上標有「直百五銖」字樣，顧名思義，一枚可以換一百枚之前發行的五銖錢。雖然這種直百錢價值有些虛高，不值一百枚五銖錢，但是發行後大大緩解了劉備的財政、軍費壓力。《三國志》中稱「數月之間，府庫充實」，意思是說，發行沒有幾個月，國庫就充實了起來。

當時的世界

212 年，羅馬法學家帕皮尼亞努斯被皇帝卡拉卡拉處死。他出生於敍利亞，被認為是最偉大的羅馬法學家，還擔任過羅馬皇帝的衞隊長。214 年，劉備奪取益州。

劉備佔漢中

「逃跑大王」的巔峯之戰 ·················

　　上個故事講到，劉備奪取益州後仍然不滿足，又想去奪取漢中。這倒不是因為他貪心，而是漢中對他來說很重要。

　　大家可以翻開中國地圖找一找，漢中屬於陝西省，位於秦嶺的南面，和四川盆地連在一起，曹操當時控制着這裏，隨時能南下攻打劉備。劉備如果能拿下漢中，把曹操趕到秦嶺以北的話，曹操再想來打自己，就必須先翻過秦嶺，這樣難度就會大很多，劉備也會安全很多。

　　大家該好奇了：劉備這輩子也沒少和曹操交手，基本上每次都是輸，他怎麼還敢和曹操打？其實這時候的劉備已經今非昔比了。他有了荊州、

益州這兩塊土地，兵力多了很多；又有了法正、馬超、黃忠這些新歸順的人才，已經成了氣候，確實可以和曹操「掰掰手腕」了。

打定主意後，劉備親自領軍進攻漢中。除了諸葛亮鎮守成都，關羽鎮守荊州，這次跟他出征的謀士和將軍們，差不多是最強陣容了：法正、張飛、馬超、黃忠、趙雲、魏延……如今的劉備，已經不再是當年東躲西藏的樣子了，他滿懷信心，對漢中志在必得。

曹操雖然經歷過「赤壁之戰」的慘敗，但他的家底仍然比劉備、孫權加起來都厚。這時候鎮守漢中的是征西將軍夏侯淵，他手下還有徐晃、張郃、曹洪等人。這樣一來，小小的漢中就集中了曹、劉兩家的一大批名將，算是羣英薈萃了。

一開始，夏侯淵、張郃他們斬殺了劉備的前鋒吳蘭、雷銅，趕跑了張飛、馬超。劉備一看手下不行，還是自己親自上吧。他率主力部隊來到陽平關，和夏侯淵他們對峙，兩邊你打我、我打你，一晃一年就過去了。劉備覺得這樣耗下去不是辦法，便改變計劃，避開陽平關，搶佔了定軍山。

這下夏侯淵坐不住了。定軍山的位置很重要，劉備拿下它，既能從側面威脅陽平關，又能向北威脅重鎮南鄭。夏侯淵趕緊領兵來救援，和劉備隔着漢水對峙。劉備派兵去燒曹軍的軍營，夏侯淵親自領兵去救火，修補用於防禦的木柵欄。劉備在定軍山上看到後，立刻下令偷襲曹營。大將黃忠率領部隊從山上猛撲下來，夏侯淵措手不及，被當場斬殺，曹軍一下大敗，另一名大將張郃只好帶着殘兵敗將退回了陽平關。

夏侯淵是曹操手下的名將，曹操聽説他陣亡了，大吃一驚，趕忙親自來漢中指揮。這時候的劉備已經不怕曹操了，他滿懷信心地對手下說：「曹公過來也不能怎麼樣，我肯定能拿下漢中！」

劉備看出曹操遠道而來，穿過秦嶺運糧又很困難，所以並不急着開打，而是佔據險要位置堅守不出，還經常派出小隊兵馬騷擾曹操的運糧隊伍。有一次，曹操把很多糧草運了過來，黃忠率兵過去奪糧，很久都沒回來。趙雲率領幾十名騎兵出營去察看，剛好碰上曹操的大部隊。趙雲趕緊帶着騎兵們殺出重圍，曹軍在後面緊追不捨，一直追到趙雲的軍營前。

趙雲這時不慌不忙，下令打開軍營的大門，也不樹旗幟，也不敲鼓，整片營地都是靜悄悄的。曹軍怕裏面設了埋伏，反而不敢衝進去了，最後灰溜溜地撤走了。劉備聽説後趕過來一看，趙雲的營中根本沒甚麼兵馬，他就是在嚇唬曹軍。劉備一下對趙雲讚不絕口，誇他説：「子龍（趙雲的字）一身是膽。」後來，《三國演義》把這個故事改編成了「空城計」，主角換成了諸葛亮。

曹操和劉備對峙了一個多月，硬攻攻不下劉備，運糧隊伍又經常被騷擾，軍隊的士氣越來越低落。曹操自己也很頭疼，繼續這樣耗下去，還不知多久才能打贏劉備，再説漢中對他來説也沒那麼重要。他左思右想，終於決定放棄漢中，從這裏撤出所有的軍隊，退回長安。

這下劉備高興壞了，這還是他有生以來第一次不用和其他勢力聯合就打敗了曹操。更重要的是，他佔領了整個四川盆地，北面又有秦嶺，好像一道天然的圍牆在保護自己。如今他基本實現了諸葛亮「隆中對」的計劃，終於可以鬆口氣了。

「漢中之戰」勝利後不久，劉備當上了漢中王，法正、諸葛亮、關

羽、張飛、馬超、黃忠、趙雲這些大將也都有了封賞。這中間還有個小插曲，關羽在荊州聽説了這次封賞，非常生氣，覺得自己的威望、功勞、能力都是最強的，張飛、馬超倒也罷了，黃忠不就是殺了個夏侯淵嗎，怎麼能和自己同一個級別？他氣得直喊：「我一個大丈夫，不能和黃忠那種老兵卒站在一起！」

這時的關羽已經有些驕傲自滿了。正是這種驕傲，導致他後來戰敗，也讓劉備在剛達到人生巔峯不久，就又遭遇了沉重打擊。

歷史上並沒有「五虎上將」

《三國演義》裏，劉備一方有「五虎上將」，分別是關羽、張飛、馬超、黃忠、趙雲，一個個都是當時頂尖的猛將。其實歷史上並沒有這種說法，史書上只是把五位大將放在同一篇傳記裏，而且趙雲是排在最後的，地位也最低。從官職上也可以看出這一點，其他四人分別為前、右、左、後四將軍，而趙雲的翊（yì，粵音亦）軍將軍，位列最後。

當時的世界

216 年，摩尼教（在中國也被稱為明教）的創始人摩尼在波斯帝國出生。217 年，「漢中之戰」開始。同時期的古羅馬是卡拉卡拉皇帝在位，他為了增加稅收和服勞役的人口，把羅馬公民權賦予了全體羅馬人，此時的公民權主要是為國家服兵役、勞役，這一政策導致羅馬帝國由盛轉衰，他也在 217 年遇刺身亡。

逍遙津之戰
三國時小朋友最怕誰？

　　大家生活中肯定都有害怕的人或者東西：怕黑、怕打雷、怕老鼠、怕鬼、怕老師家長……那你們知道三國時期江東的孩子最怕誰嗎？答案是：曹操手下的大將張遼。

　　張遼原來是呂布的手下，呂布兵敗被殺後，張遼就歸順了曹操，從此跟着曹操南征北戰，立下了赫赫戰功，算得上曹操手下數一數二的大將。「赤壁之戰」遭遇慘敗後，曹操擔心孫權會趁機北伐，讓張遼和另外兩位大將樂進、李典駐守合肥。果然，沒過多久，孫權就親自率領大軍來進攻合肥了。

　　孫權的兵力非常強，號稱有十萬人，合肥的守軍才七千人。曹操這時候在漢中打仗，既沒法支援張遼，也沒法

指揮他作戰，只能派人給他送過去一個盒子，上面寫着：「敵人到了再打開。」

大家知道《三國演義》裏諸葛亮總愛寫「錦囊妙計」，其實歷史上愛用「錦囊妙計」的不是諸葛亮，反而是曹操。

張遼他們眼看孫權的大軍攻過來了，趕緊打開盒子，發現裏面裝了一封信，信上說：「要是孫權來了，張、李兩位將軍出城迎戰，樂將軍守城。」

乍看你是不是很納悶？這算是甚麼計策呀！可是張遼、李典卻十分明白，原來他倆一直有矛盾，誰也不愛理誰。曹操這麼安排，顯然是想讓他們放下個人恩怨，齊心協力對付強敵。

張遼先開了口：「曹公這是告訴我們，要在孫權還沒來得及圍困合肥的時候搶先出擊，先給他們來個下馬威，安定我們的軍心，然後大家才能更放心地守城。」他打算第二天凌晨就親自去偷襲孫權。

大家一看張遼這麼膽大不怕死，也受到了鼓舞。李典也不計較從前的恩怨了，說：「這是國家大事，我怎麼能因為私人恩怨而耽誤公事呢？」兩人就這樣和解了。

張遼非常高興，當天晚上就開始在七千士兵裏選拔精銳，共選出八百人，組成了敢死隊。隨後，他下令殺牛，煮牛肉，請大家一起吃，吃飽喝足後就準備出擊。

第二天天剛矇矇亮，張遼就穿上盔甲，手中握着戟，率領敢死隊衝入孫權的營壘，他一邊大吼着「張遼在此」，一邊揮着戟，一口氣斬殺了幾十名敵軍。孫權的士兵們頓時亂成一團，組織不起有效的防禦，紛紛向兩邊逃開。張遼這支敢死隊就好像是一艘

戰艦，不斷乘風破浪地向前進，直奔孫權的中軍。

孫權這時候也慌了手腳，他看不遠處有一個小山坡，趕緊向那裏逃，又讓衞隊斷後，阻止曹軍衝過來。張遼一邊和孫權的衞隊拚殺，一邊大喊：「孫權你敢不敢和我打？」孫權哪敢啊，只能縮在山頂，膽戰心驚地觀戰。

看着看着，孫權看出來了，張遼手下其實沒多少人。他趕緊令各路兵馬都向這裏聚集，想把張遼他們圍困住。張遼也看出孫權的打算了，率領着幾十名士兵殺出一條血路，突出了重圍。還沒來得及喘口氣，背後又傳來士兵們的喊聲：「將軍不管我們了嗎？」張遼轉頭一看，自己是逃出來了，可其他將士們還被圍困着呢。他半點都沒猶豫，一招手：「隨我來！」又一頭扎進了亂軍當中，轉眼就帶着剩下的幾百名士兵重新殺了出來。

這下，孫權的士兵們全都傻了眼：還有這麼不要命的人？孫權也心裏忐忑不安：這張遼怎麼就打不死呢？他被張遼殺怕了，趕緊下令撤退。

這麼一來，張遼一戰就打出了曹軍的威風，李典、樂進都對張遼佩服得不行。孫權這邊則是士氣大跌，他圍困了合肥一段時間，但一直沒甚麼進展，看看曹軍氣勢正盛，最後還是決定撤軍。

孫權的動向當然瞞不過張遼。他在合肥城頭看到吳軍的大部隊陸續往南撤退，孫權是走得最晚的。張遼心想，這麼好的機會哪能放過？他先是派出一支精銳部隊，讓他們搶到孫權前面埋伏，自己隨後率軍殺出城來。

孫權正撤退着呢，一聽身後殺聲震天，張遼又來了，頓時心裏一驚。他想把撤走的大部隊再調回來已經來不及了，只能讓大將凌統帶着衞隊抵擋曹軍，自己騎馬逃跑。跑到了逍遙津（今安徽省合肥市東南）這裏，孫權一下愣住了：過河的橋都被拆了，過不去了。原來這正是張遼的安排，他知道孫權要撤退，肯定要路過逍遙津，所以提前派士兵把橋拆掉了。

這下孫權急壞了，身後的衞隊越打人越少，眼看着張遼就要殺過來了。情急之下，他讓自己的馬後退出老遠，然後撒開蹄子助跑，衝到河邊後再拚命一躍，終於跳到了南岸。

孫權再回頭一看，衞隊已經戰死得差不多了，剩下的士兵們只好投降，只有凌統自己跳進水裏，也顧不上脫掉沉重的鎧甲，拚命往南游。幸

虧凌統水性好、力氣也大，總算游上岸，撿了一條命回來。後來張遼問那些俘虜：「剛才你們當中有一個人，留着紫色鬍子，上身長，兩條腿短，騎射很厲害，他是誰？」降兵們垂頭喪氣地回答：「是孫權。」張遼這才知道，自己只差一點就能活捉孫權，可惜還是讓他逃走了，後悔了很久。

張遼雖然沒能活捉孫權，但這一戰徹底打出了威風，江東人人都知道張遼的大名，連父母嚇唬孩子都說：「你再哭，張遼就來了！」孩子馬上就不敢再哭了。這就是「威震逍遙津」的故事。

知識加油站 文化

建業與南京城的歷史

孫權之所以要進攻合肥，與把首府遷到建業有很大的關係。

建業（今江蘇省南京市）之前叫作秣陵。很早之前，孫權的下屬張紘（hóng，粵音宏）認為秣陵周圍山川雄偉，形勢險要，建議孫權將這裏作為首府。後來，劉備前往京口（今江蘇省鎮江市）拜訪孫權時，經過秣陵，也建議孫權將秣陵作為首府。

於是，孫權便在 211 年將首府遷到秣陵，改名為建業，寓意為建立帝王之大業，並在金陵邑故址（清涼山）修築了一座石頭城。正是為了建立帝王大業，孫權才會主動出兵攻打合肥。

當時的世界

213 年，羅馬皇帝克勞狄二世出生，他後來的統治雖然只有短短兩年，卻使羅馬帝國從嚴重的危機中恢復過來。羅馬元老院後來甚至把克勞狄二世宣佈為神。215 年，「逍遙津之戰」。

關羽大意失荊州

「失敗」的代名詞 —— 走麥城

大家有沒有過驕傲自滿的時候？考試考了高分，運動會拿到好名次，被老師、家長誇獎，同學羨慕……每當這時候，大人多半會告誡你要虛心。因為人一旦覺得自己了不起，就可能要慢慢落後了。三國時期的大將關羽就是這樣。

「漢中之戰」獲勝後，劉備的實力達到了巔峯。這時候，劉備便按照諸葛亮之前安排的計劃，派鎮守荊州的關羽領兵攻打曹操控制的樊城，守衛樊城的曹仁急忙向曹操求援。曹

操剛撤離漢中，樊城要是再失守就更麻煩了，便趕忙派出于禁、龐德兩員大將，統領了足足七支兵馬前去救援。

于禁、龐德領兵趕到樊城郊外，立刻猛攻關羽。龐德作戰尤其勇猛，

　　他騎着一匹白馬，在亂軍中來回衝殺，還用弓箭射傷了
關羽。關羽的士兵們都管他叫「白馬將軍」。雙方打了很久
也不相上下，就這樣一直僵持到入秋。

　　這時，雨季來了，暴雨接連下了很多天，漢水暴漲，導致決堤。曹軍
因為把軍營紮在了低窪的位置，士兵不是被淹死，就是被洪水沖走，剩下
的也都泡在黃泥湯裏。關羽卻因為熟悉天氣，所以早就讓士兵準備了許多
小船。他趁機率領水軍發起了進攻，曹軍根本抵擋不住，只好紛紛投降，
連主將于禁都被關羽活捉了，只有龐德還站在堤壩上拚命抵抗。這時水位
越來越高，手下的士兵們都投降了，龐德跳上小船想跑，結果一個浪頭打
過來，船翻了。龐德被俘虜，關羽把他殺了。

　　這就是《三國演義》裏提到的「水淹七軍」的故事。于禁是曹操手下
的名將，又統領着大軍，誰也沒想到，關羽一戰就把他們全殲滅了。這一
戰過後，除了樊城裏的曹仁還在咬牙抵抗，周圍許多城池紛紛投降，史書
上說，關羽從此「威震華夏」。

　　這時候，曹操有點坐不住了。他覺得關羽照這個勢頭打下去，過不了
多久就會打到許昌，他甚至開始考慮遷都了。他召集手下商量對策，謀士

司馬懿（yì，粵音意）堅決反對遷都，司馬懿說：「于禁吃了敗仗是因為天災，其實不影響整個局勢。關羽打我們是挺順利的，可是別忘了，他還有個鄰居一直想佔荊州呢。我們要是向這個鄰居許一些好處，他肯定會趁機進攻關羽。」

大家猜猜，司馬懿說的這個鄰居是誰？沒錯，正是孫權。曹、劉、孫這三家裏，孫、劉兩家一直聯合抗曹，但他們之間也有矛盾。孫權一直想奪取荊州，而且關羽還得罪過孫權——孫權曾想讓兒子和關羽的女兒結婚，可是關羽特別看不起孫權，不僅不肯通婚，還把孫權派來的使者臭罵了一頓，所以孫權恨死關羽了。

孫權收到曹操的信，覺得這是個奪取荊州的好機會。問題是關羽也不傻，他知道孫權派去駐紮在荊州邊界的呂蒙是個厲害人物，為了防備呂蒙偷襲，已經在後方留下了不少兵力。呂蒙於是和孫權唱了個「雙簧」：他故意對外宣稱自己生了病，孫權發佈命令把他召回去，換了另一位青年將軍陸遜接替他。陸遜上任後又給關羽寫了一封信，對關羽吹捧一通：您太厲害了，見誰滅誰。我就是一個新人，甚麼也不懂，得向您多學習，我們兩家一定要友好相處……

關羽收到信一看，心裏非常得意。這時候他在劉備陣營裏是一人之下、萬人之上的位置，剛剛又打了那麼一場大勝仗，他也覺得自己挺了不起。關羽想，現在既然呂蒙病了，陸遜又是個沒甚麼名氣的青年，孫權這邊就沒甚麼可提防的了，於是調走了更多荊州的士兵。

關羽徹底上當了。陸遜的才能不比當年的周瑜差，呂蒙更是根本就沒生病，他一看荊州守備空虛，立刻開始了行動。呂蒙讓手下準備了很多大船，讓他們換上商人的衣服，負責划船搖櫓，悄悄接近荊州。關羽設在江邊的哨兵過來盤查的時候，士兵們趁機從艙中殺出來，把他們全都俘虜了。隨後，呂蒙又一口氣佔領了江陵（今湖北省江陵縣）。這次偷襲就叫「白衣渡江」，白衣在這裏不是指白色的衣服，而是指身穿便服。

關羽這時候還不知道呂蒙抄了自己的老窩，還在一心打曹仁呢，曹操又派出大將徐晃來救援。徐晃比于禁難對付得多，關羽損失了不少兵力，怎麼也打不敗他。這時，關羽收到江陵失守的消息，頓時如五雷轟頂，趕

緊撤回去救援。

可是，這時候關羽的兵力已經不足以奪回江陵了。呂蒙又四處宣傳自己怎麼善待江陵百姓，關羽手下的士兵大多是江陵人，很多人聽到這個消息都不想再打，偷偷逃掉了。關羽又想撤進益州和劉備會合，可陸遜已經斷絕了入川的所有道路。關羽無路可退，只能退守到一座叫麥城（今湖北省當陽市東南）的小城。

孫權的大將潘璋很快包圍了麥城，關羽只帶着很少的騎兵突圍，中了埋伏被俘。孫權處死了關羽和他的兒子關平，終於奪取了荊州。「走麥城」由此成了形容失敗的一個著名典故。

死後一千年，關羽成了「武聖」

關羽在歷史上談不上多突出，他真正出名是在一千多年後的清代，由於《三國演義》影響特別大，上至清朝皇帝，下至平民百姓，都興起了崇拜關羽的風氣，甚至把他和孔子相提並論，兩人一個稱為「文聖」，一個稱為「武聖」。人們認為關羽特別講義氣，至今許多廟裏還供奉着他的塑像。

當時的世界

218 年，西方一個叫埃拉伽巴路斯的人成了羅馬帝國的合法皇帝。但十五歲的他卻表現得漫不經心，這個年輕皇帝帶着隨從以遊樂的姿態緩緩地朝首都前進，直到 219 年 9 月才到達羅馬城。219 年，關羽敗走麥城，被俘身亡。

曹丕代漢

替爸爸篡位當皇帝 ● ● ● ● ● ● ● ● ● ● ● ● ● ● ● ● ●

　　孫權奪取荊州，殺了關羽，最高興的莫過於曹操。他知道關羽在劉備心裏的分量，孫權這回算是和劉備結下了血海深仇，兩家絕對要殺得天昏地暗，再也顧不上聯手對付自己。到時候自己看戲也好，趁機撿便宜也好，都是穩賺不賠。

　　為了讓孫、劉兩家打得更熱鬧，曹操還以漢獻帝的名義，將孫權封為荊州牧。孫權也很滑頭，派使者向曹操稱臣，還勸曹操廢掉漢獻帝，自己當皇帝。曹操讀完信，讓所有大臣來看，大臣們趕緊迎合，紛紛勸曹操當皇帝。曹操卻搖搖頭冷笑着說：「孫權這小子想把我架到火上烤啊。」

　　大家明不明白曹操為甚麼這麼說？這些年來，曹操的勢力越來越大，已經當上了魏王，除了差一個皇帝的頭銜，其他都和皇帝沒甚麼區別。可當時的百姓們畢竟習慣了漢朝的統治，早就把曹操看成王莽、董卓那樣的人物，私下罵他是「漢賊」。曹操如果硬要稱帝，要麼各地百姓會發動起義，要麼宮廷裏會有人行刺、搞宮變，曹操難保不會落得和王莽、董卓一樣的下場。

　　所以曹操很清楚，孫權這是給自己挖了個坑。為了表示自己沒有篡位的野心，曹操特意寫了一篇叫《讓縣自明本志令》的文章。文章裏說：早年我只是想當個將軍，死後能在墓碑上寫「漢故征西將軍曹侯之墓」就夠了。後來天下大亂，我平息了各地的割據勢力，才有了今天的地位。如果國家沒有我，還不知道會有多少人稱帝，多少人稱王。我之所以不肯辭官還鄉，只是怕被人陷害，也怕天下重新動盪起來。發佈完這篇文章後，曹操還特意把好幾處封地退還給了朝廷。

　　曹操這番話也是半真半假。早年他是個貨真價實的熱血青年，後來一步步登上權力巔峯，位極人臣，也確實有了篡位的野心。但他前思後想，還是決定放棄，一來當皇帝的阻力太大，二來自己年紀也大了，當不了幾

年皇帝，反倒要在青史上留個罵名，實在不值得。所以曹操又說：「要是天命在我這裏，我願意當周文王。」

　　大家是否明白他為甚麼這麼說？當年周朝取代商朝，經歷了周文王、周武王兩代人。雖然滅商的是周武王，但卻是周文王打下的基礎。曹操的意思是，自己是當不了皇帝了，但可以為兒子鋪好路，讓兒子登上皇位。

　　這下問題又來了，選哪個兒子當嗣子，繼承自己的事業呢？

　　曹操的兒子們當中，曹丕、曹植兩人比其他人優秀得多。曹植的才

氣更高，他特別擅長詩賦。曹操自己就是大詩人，很看重這點，所以一開始想立曹植為嗣子。但曹植文人氣太濃了，做事很任性。有一次他喝醉了酒，趕着馬車在禁道上狂奔，那是皇帝舉行重大典禮時才能走的路，曹植這樣是嚴重失禮。後來關羽進攻曹仁，曹操讓曹植帶兵去救援，曹植居然喝得酩酊大醉，不能領兵出征。

這麼幾件事下來，曹操對曹植非常失望，覺得這個兒子也太不靠譜了。再加上曹丕很有心計，在司馬懿等大臣的幫助下，一邊討好父親，一邊對弟弟落井下石，最後曹操還是決定立曹丕為嗣。

完成這件一生中最後的大事後，曹操就一病不起了。臨終前他留下遺囑：自己死後要薄葬，陵墓裏不要放甚麼金玉珠寶，家人下屬們也不要服喪那麼久，該忙甚麼忙甚麼。一世梟雄的他，這時反倒很有人情味，絮絮叨叨說了很多小事：自己死後，妻妾們願改嫁的改嫁，不願改嫁的可以分一些熏香，再學着織鞋、編絲帶；自己遺留下來的衣物，曹丕兄弟們分掉。交代完後事，曹操去世了，葬在了高陵，終年六十六歲。後來曹丕當上皇帝，把他追封為魏武帝。

曹丕繼承了曹操的王位，他可沒有父親的那些顧慮，很快就着手篡位當皇帝。前面我們講過「王莽篡漢」的故事，王莽為了證明自己有「天命」，製造出不少象徵吉祥的兆頭。如今曹丕也是有樣學樣，大臣們隔三差五就來報告，哪裏哪裏出現了黃龍，哪裏哪裏又發現了鳳凰。大臣們還編出了好多預言，比如有一條是「鬼在山，禾女連，王天下」，正是一個「魏」字。大家都說，這是預言魏王要統治天下。

曹丕這時卻故意謙虛起來，百般推託。可他越是推託，大臣們勸得越是起勁，而且一邊勸曹丕稱帝，一邊「勸」漢獻帝讓位。漢獻帝也知道，如今漢朝是再也沒法復興了，自己能夠活到現在，還能當這個皇帝，已經夠賺了。他無可奈何，也非常「配合」地頒下詔書，表示願意把皇位禪讓給曹丕，請求他當皇帝。

沒想到，詔書送到曹丕那裏，曹丕很快就回了一封信，還是那老一套藉口，說自己嚇得心驚膽顫，寧可跳東海自殺也絕不敢當皇帝。漢獻帝哭笑不得：你搶我的皇位，還非要我求着你搶，真是得了便宜還賣乖。他下

了一道又一道禪位詔書，曹丕也一次又一次推託，就這樣折騰了好幾個來回，曹丕終於覺得戲演足了，該收場了。

這天，朝廷舉行了盛大的受禪大典，在城郊用黃土築起一座高高的受禪台，曹丕登上高台，接受漢獻帝的禪讓，把漢獻帝貶為山陽公，宣佈自己當皇帝，國號為「魏」。後人一般把這個王朝稱為「曹魏」。這時候的曹丕志得意滿，來了句：「當年堯舜禪讓到底是怎麼回事，我今天才知道啊！」

曹丕稱帝之後，劉備、孫權也跟着稱了帝，三國時代從此正式開啟。

亂世中誕生的建安文學

　　東漢末年戰爭連綿，生活在這個時代的許多文人目睹了百姓的悲慘遭遇，寫下了很多描寫戰亂、人民疾苦和渴望天下統一的作品，其中最著名的文學家就是曹操、曹丕、曹植父子三人。曹操寫過《觀滄海》、《龜雖壽》、《蒿里行》、《短歌行》等名篇，風格沉鬱蒼涼。曹丕寫過《燕歌行》，還寫過文學理論書籍《典論》。曹植的詩更是有名，代表作有《泰山梁甫行》、《洛神賦》、《白馬篇》等。

　　除了曹操父子三人，當時還有建安七子（孔融、陳琳、王粲、徐幹、阮瑀、應瑒、劉楨），因為他們都生活在漢獻帝時期，所以後人用漢獻帝時期的年號「建安」把他們的作品統稱為「建安文學」，評價這些作品有「建安風骨」。

當時的世界

　　220年，「曹丕代漢」。222年，十三歲的亞歷山大・塞維魯斯成了羅馬帝國塞維魯斯王朝的最後一任皇帝，此時他統治的羅馬帝國已陷入腐敗，貴族只求高官厚祿，軍隊一味聚斂錢財，民眾沉迷於享受，這也揭開了羅馬帝國滅亡的序幕。

猇亭之戰
又一位名將燒起一把火 ·

　　曹丕稱帝的消息傳到益州，劉備第二年就稱了帝，國號還是「漢」，後人一般把這個政權稱為「蜀漢」。緊接着孫權開始稱吳王，雖然他在229年才正式稱帝，但是很多學者認為三國鼎立的局勢此時已經形成了。劉備稱帝後不久就率領蜀漢幾乎全部的兵馬出征了。大家大概以為劉備又要去打曹魏了，其實不是，他這回要打的是從前的盟友——孫權。

　　前面我們講過，孫權斬殺了關羽，這徹底激怒了劉備。關羽和劉備情同手足，這麼多年來又是勞苦功高，在整個蜀漢的地位僅次於劉備。如今關羽被殺，劉備哪能嚥得下這口氣？更不用提孫權還奪了荊州，這對蜀漢來説損失太大了。

　　大臣們都理解劉備的悲憤，可他們都明白，這時候討伐孫權太不明智了，所以紛紛勸阻劉備，諸葛亮也勸，趙雲也勸：現在我們最大的對手是曹魏，不是孫權，等我們滅掉了曹魏，孫權自然會服我們。可是劉備已經氣昏了頭，這些話他統統聽不進去，堅持要出征。

　　劉備剛上路沒多久，另一個噩耗傳來：張飛也遇害了。劉備進兵的時候，張飛也領兵從閬（làng，粵音朗）中（今四川省南充市）出發，兩人準備在江州會合。沒想到，張飛的兩個部將暗殺了他，還割下他的人頭，投奔了孫權。劉備聽到這個消息，一聲歎息：「唉，張飛死了！」他早就知道張飛脾氣暴躁，對手下也很不好，反覆告誡他要善待將士，張飛卻從不肯聽，如今算是自食其果。這個消息就像是火上澆油，更堅定了劉備討伐孫權的決心。

　　孫權得知劉備率大軍出征，也有些怕了。劉備這時的兵力雖然比不上「赤壁之戰」中的曹操，可是架不住他一心想報仇雪恨。孫權趕緊派出使者去向劉備服軟求和，劉備卻根本不聽，孫權只好硬着頭皮準備應戰。

這時候，周瑜、魯肅、呂蒙等人都已經去世了，孫權只能提拔陸遜當大都督，算是死馬當活馬醫了。

陸遜一副書生模樣，並且資歷淺，領兵作戰的經驗不多。之前呂蒙奪取荊州的時候，關羽就很看不上陸遜，如今孫權手下那些有資歷的大將一樣不服他。可是他們誰都不知道，陸遜其實很有才能，他很快就想好了對付劉備的辦法。

劉備一路節節勝利，收復了很多被孫權奪去的地盤，士氣愈發高漲。陸遜卻不讓將士們出戰，甚至向後撤退了好幾次。劉備這才覺得解氣了不少，手下的將士們也都覺得，照這麼打下去，一口氣吞滅江東也不是不可能。

劉備得意了，孫權這邊的將軍們可受不了了。他們都覺得，劉備來就來吧，打就打吧，之前曹操那麼強，我們照樣把他打回去了，如今這樣一退再退，算怎麼回事呢？一時間各種猜測都冒出來了，有人覺得陸遜沒本事，還有人嫌陸遜膽小怕死，早晚要連累大家都送命。

陸遜也不生氣，心平氣和地解釋：「劉備本來就能征慣戰，他兵力又強大，士氣正高，這時候我們和他對陣，很難打贏。倒不如拖一拖，等劉備過了這勢頭，士兵也疲勞的時候再開打。」大將們將信將疑，這才不再吵着開打了。

直到劉備大軍攻到猇（xiāo，粵音敲）亭（今湖北省宜都市北、長江東岸），陸遜才不再後退，紮好營寨。兩軍隔着老遠對峙。這一帶地形狹長，所以劉備的軍營拉得很長，連綿七百多里，各營地之間都用木柵欄連接着。大家看到這裏是不是覺得眼熟？沒錯，「赤壁之戰」時，曹操的戰船也是這樣連在一起，後來陸遜果然用同樣的辦法擊敗了劉備。

一開始，劉備和關羽一樣，覺得陸遜沒甚麼了不起，一心想着狠狠打他幾仗，等到陸遜吃了敗仗，沒準會被嚇到繼續撤退甚至直接投降呢。沒想到半年過去了，陸遜根本沒有出戰的意思。劉備又想用激將法，他派出很多老弱兵卒去到陸遜的軍營前，耀武揚威地挑釁，指望陸遜的士兵發怒，殺出來和自己開打。可是陸遜好像沒看到一樣。

陸遜手下的將軍們卻都覺得劉備也太囂張了，想殺出去痛痛快快打上一仗。陸遜把他們攔住了，告訴他們：「過來挑戰的雖然都是老弱殘兵，可是劉備肯定在山谷裏設了埋伏。我們要是真沉不住氣殺出去，一定會損失慘重。」將軍們一開始還不信。過了幾天，劉備看陸遜不上當，就把伏兵從山谷裏撤回去了，將軍們這才相信陸遜的話。

天氣越來越熱，劉備的士兵們在空地紮營，大太陽一曬，很多人都中暑了。劉備沒辦法，只好讓士兵們改在樹林裏紮營，打算等入秋涼爽後再發動攻擊。

陸遜一看，機會來了。他讓士兵們收集茅草，每人扛一捆，趁着夜晚，藉着密林的掩護，悄悄接近劉備的軍營，然後同時點燃茅草，丟向營帳和木柵欄。當時天氣炎熱，還颳着東南風，火一下就燒起來了。轉眼

間，一座營地緊跟着一座營地，都陷入了熊熊火海。陸遜趁機發動猛攻，劉備的士兵死傷無數。

劉備看到這樣的景象急壞了，可眼下根本沒法再抵抗陸遜了，只能帶着殘兵敗將向西逃跑。他一邊逃，一邊讓將士們把軍帳、糧草、盔甲之類的輜重丟在身後，既是阻擋火勢，也是阻擋追兵，總算死裏逃生，逃到了白帝城。

這一戰就是「猇亭之戰」。因為這場慘敗，剛建立的蜀漢政權遭遇了沉重打擊，劉備也一病不起，只好讓留守成都的諸葛亮來白帝城見自己，準備交代後事。

朱然墓裏有甚麼？

「猇亭之戰」中，陸遜手下有一個將領，雖然在這個故事中只是配角，我們甚至沒有提到他的名字，但是他在東吳將領中地位非常高，他就是朱然。不過他之所以出名，除了因為戰功，還因為人們在如今的安徽省馬鞍山市發現了他的墓。在朱然墓中，考古學家發現了大量的漆器、瓷器，為研究三國時期東吳的歷史提供了很多實物資料。

▲朱然墓中出土的貴族生活圖漆器盤，展現了三國時期的貴族生活情景。

當時的世界

「猇亭之戰」發生在 221—222 年。224 年，波斯的薩珊王朝建立，這個大帝國的領土包括如今的伊朗、伊拉克、土耳其等許多國家和地區，存在時間超過四百年。薩珊王朝信奉祆（xiān，粵音軒），又稱拜火教，主要神靈有善神阿胡拉‧馬茲達。

七擒孟獲

抓到你服為止

前面講到，劉備在「猇亭之戰」中遭遇了慘敗。這時他六十多歲了，之前關羽、張飛的死已經夠讓他傷心了，再加上這次的敗仗，使他更受打擊，他又是羞愧又是懊悔地說：「我這次被陸遜羞辱，難道不是天意嗎？！」

劉備的病越來越重。這天，諸葛亮終於趕到了白帝城，一見劉備的模樣就落下淚來。劉備反而清醒了過來，對諸葛亮一一交代後事，告訴他：「你的才能比曹丕強十倍，一定能讓國家安定。要是我兒子劉禪還算成器，你就繼續輔佐他；要是他不成器，你可以自己坐我這個位子。」

大家聽了是不是很吃驚？歷來皇帝最看重的就是權力，決不允許大臣們威脅到皇位，哪怕是流露出一點心思都不行。可劉備為甚麼對諸葛亮如此大方？有人覺得劉備其實是怕諸葛亮像曹操那樣專權，所以故意用這種方式警告他。

但其實並不是。劉備對諸葛亮百分之百放心，後來諸葛亮也確實沒有辜負他。劉備這話是說給其他大臣和百姓聽的，他要讓所有人知道，自己對諸葛亮絕對信任，不要打着自己的名義反對諸葛亮的各種安排。他說出這番話，算是對諸葛亮掏心窩了。

劉備這番話讓諸葛亮感動不已，他哭得更傷心了，並向劉備保證，自己一定會竭盡全力效忠，哪怕是賠上性命也甘願。劉備又給劉禪寫了一封信，告誡他要把諸葛亮當父親一樣對待。交代完這些後事，劉備就去世了。劉備諡號「昭烈」，所以後人也管他叫漢昭烈帝。

劉禪繼承了皇位，後人習慣叫他後主。劉禪封諸葛亮為武鄉侯，從此把朝中大小事務全都交給諸葛亮去處理。沒過多久，南

中地區（今雲南省、貴州省和四川省西南）就出現了叛亂，四個郡中的三個郡都反叛了朝廷。這些地區還生活着很多少數民族部落，其中一個叫孟獲的首領很有威望，大家都很佩服他。孟獲也趁機鼓動各部落加入了叛亂。

諸葛亮接到南中地區的急報，知道這場叛亂對朝廷來說威脅非常大，一旦處理不好，就會動搖蜀漢的統治。於是，諸葛亮把軍隊分為三路，自己親自指揮其中一路，前去平叛。

這時候叛軍自己鬧起了內鬥，互相殺來殺去，三路大軍很快就平定了叛亂的幾個郡。諸葛亮又率領大軍渡過瀘水，很快和孟獲交上手，一下就把他打敗了，孟獲也被生擒，被帶到諸葛亮面前。諸葛亮故意帶他參觀自己的軍營，問他：「你覺得我們朝廷的軍隊怎麼樣？」

大家可能不知道，在古代，紮營是一門學問，要是紮營的位置不好或者有破綻，就很容易被敵軍利用，遭到偷襲；軍隊的戰鬥力怎麼樣，也能從營中士兵們的精神面貌上看出來。孟獲看諸葛亮的軍營整齊肅殺，士兵們也都威風凜凜，心裏又是敬畏又是佩服。可他拉不下面子，嘴上一點都不服軟，厚着臉皮說：「我被抓只是因為不知你的虛實。如今我看你的軍營也不過如此，要是你放了我，下次交手我一定能贏！」

孟獲嘴上這麼說，其實心裏也沒指望諸葛亮能放了自己。想不到諸葛亮一聽就笑了，特別痛快地答應了：「行啊，那我放你回去。你收拾兵馬，我們再打一仗。」

孟獲一聽，有點不敢相信自己的耳朵，還有這好事？可他看諸葛亮也不是拿自己開玩笑的樣子，將信將疑地出了軍營，一直不見追兵，這才放心了些，腳底抹油逃回去了。

大家是不是和孟獲一樣覺得奇怪？諸葛亮這是想做甚麼啊？他這樣做當然是有原因的。夷人和中原人的文化、生活習慣都不一樣，容易不服中原人的統治。他們的脾氣又都很倔強，把他們打敗不難，可要讓他們屈服就太難了，就算這次勝利了，他們早晚還會反叛，必須想辦法讓他們徹底心服。所以早在出征之前，參軍馬謖（sù，粵音叔）就給諸葛亮提了個建議：這次平叛應該攻心為上，攻城為下；心戰為上，兵戰為下。諸葛亮覺得他說得很有道理，採納了這個建議，這才有了放走孟獲的決定。

孟獲被放回去後，收拾兵馬重新和諸葛亮交手。他的軍隊根本不是諸葛亮的對手，又一次被打敗，諸葛亮又重新把他放回去。相傳孟獲足足被生擒了七次，諸葛亮又放了他七次。

最後一次，諸葛亮又要放走孟獲。孟獲臉皮再厚也覺得難為情了，他早就明白諸葛亮這麼一次次把自己捉了又放，到底是為了甚麼。他拜倒在地，心服口服地説：「丞相天威，我們南方的夷人再也不反叛了！」諸葛亮趕忙把孟獲扶起來，他知道孟獲這次是真的服了自己，對他好好地鼓勵安慰了一番。整個南中地區終於徹底平定，從此再也沒有叛亂了。這就是傳説中「七擒孟獲」的故事。

知識加油站 文化

饅頭的由來

饅頭現在已經成為了常見的主食。相傳饅頭是諸葛亮發明的。

諸葛亮在收服孟獲，班師回朝將要渡瀘水時，因為當地瘴（zhàng，粵音帳）氣熏天，連河水都有了毒性，士兵一接觸瀘水就會中毒，更別説渡河了。諸葛亮知道後，非常着急，便安排大家祭奠河神，求河神保佑。他命人殺羊宰豬，剁成餡，包在麵團裏面，入籠屜蒸熟後投於水中作為供奉。後來，人們便把諸葛亮製作的麵團稱為饅頭。

當時的世界

225 年，諸葛亮平定南中地區。這一年，波斯薩珊王朝的阿爾達希爾一世吞併了希爾卡尼亞，並在這裏建省。希爾卡尼亞位於今天的伊朗，在裏海的東南方向。

諸葛亮北伐

鞠躬盡瘁的好榜樣 ·····································

　　諸葛亮平定了南中地區之後，專心治理國家，注重開墾農田，興修水利，發展紡織業。幾年下來，蜀漢的國力增強了許多，軍隊兵強馬壯。諸葛亮覺得，是時候繼承劉備的遺志，討伐曹魏了。

　　於是，他給劉禪寫了一封奏表，回顧了劉備對他的知遇之恩和復興漢室的決心。這封奏表就是著名的《出師表》，它感動了無數人。上完奏表後，諸葛亮就統領大軍出發了。他把漢中作為北伐的基地，在之後的五六年裏，連續從祁山附近出兵進攻曹魏，所以後人把這幾次北伐統稱為「六出祁山」，不過歷史上諸葛亮的北伐只有五次。

　　第一次北伐戰果最輝煌。諸葛亮派趙雲作為疑兵，假裝從斜谷進攻郿城，吸引了魏軍的主力，自己卻率主力進攻祁山，魏軍毫無防備，被打得措手不及，天水、南安、安定這三個郡紛紛投降，一時間整個曹魏如臨大敵。諸葛亮還降服了魏軍的一員大將姜維，在諸葛亮死後，姜維成了蜀漢最重要的將領。

　　可偏偏在這個節骨眼上，部將馬謖沒有按照諸葛亮的要求去做，指揮出現了失誤，結果被魏將張郃打敗，丟掉了軍事要地街亭。這下諸葛亮沒法繼續北伐，只好退回了漢中。之前投降蜀漢的天水、南安、安定三郡，也都重新回到了曹魏手中。

　　回到漢中後，諸葛亮開始追究責任。他雖然一向很器重馬謖，但還是不得不斬殺了他。諸葛亮很痛心，主動向劉禪上書請求把自己貶官，因為自己用人不當，把馬謖擺在了不適合他的位置上，也應該擔負很大責任。

　　這次失敗之後，諸葛亮又進行了幾次北伐，也獲得了一些勝利，但始終沒能在秦嶺以北站住腳。蜀漢畢竟兵力有限，翻越秦嶺運糧也很困難，曹魏的實力又太強大，蜀漢的進攻對他們來說只是局部的威脅而已。

　　最後一次北伐，諸葛亮率領大軍從斜谷口出戰，在渭水南岸的五丈原

紮營。魏軍的統帥是之前和諸葛亮交手過好幾次的司馬懿，他很清楚這位
老對手的弱點——蜀漢的問題在後勤，糧草本來就少，運輸也太困難，
撐不了多久。所以司馬懿並不着急和諸葛亮交手，而是修築營壘，堅守不
出，打算把諸葛亮拖垮。諸葛亮前幾次都吃了糧草的虧，這次也有準備，
他派出一部分士兵在渭水岸邊屯田，做好了長期作戰的打算。

可是，諸葛亮能暫時解決糧草問題，卻沒法解決另一個問題——因為長期勞累，他的身體逐漸吃不消了。這一點反而是司馬懿看得更清楚。他和諸葛亮對峙的這些日子，雙方經常互派使者。諸葛亮的使者到魏營，司馬懿不怎麼打聽蜀漢軍隊的情況，反倒很關心諸葛亮吃飯、睡覺這些小事，還有平時怎麼處理軍務。使者告訴他，丞相每天早起晚睡，每頓飯吃不了多少；軍營裏凡是應該受二十杖以上的刑罰，他都要親自過問。司馬懿一聽就放心了，使者走後，他告訴手下：「諸葛孔明吃得少、做得多，他還能活多久呢？」

就這樣對峙了一百多天，諸葛亮的病情越來越重，他不得不安排起後事。劉禪也知道了諸葛亮的病情，派使者來探望。使者和諸葛亮聊了很久，總是想說甚麼又開不了口，向諸葛亮告辭後，沒過幾天又回來了。諸葛亮一看就明白怎麼回事了：肯定是劉禪擔心自己去世之後，不知在朝中還能聽誰的，想讓使者問問自己；可使者又覺得，這樣顯得後主也太沒主意了，一直不好意思開口問。

諸葛亮主動對使者說：「我去世之後，蔣琬（wǎn，粵音丸）最適合接替我。」使者趕緊又問：「那蔣琬之後，誰又能接替他呢？」諸葛亮說：「費禕（fèi yī，粵音庇衣）可以。」使者再問：「費禕之後呢？」諸葛亮這次沒再說話，而是搖搖頭，歎了口氣。

大家能明白諸葛亮為甚麼不說話嗎？因為諸葛亮心裏清楚，費禕要是也死了，蜀漢也就沒甚麼人才了。

諸葛亮安排好後事，很快就在軍營裏去世了，終年五十四歲。部下姜維等人怕司馬懿趁機進攻，沒有發喪，強忍着悲痛依照諸葛亮的安排準備悄悄撤軍。這時候魏延不配合了，他根本看不起姜維等人，覺得自己的威望、資歷足夠接替諸葛亮的位置，於是堅持不肯撤軍，並率領自己手下的士兵佔據南谷口，打算趁機起兵造反。可是士兵們都不願意跟他一起造反，離散而去。魏延只得逃往漢中，最後被大將馬岱殺死。

司馬懿聽說諸葛亮去世，趕緊領兵追趕蜀軍。姜維早防着他這一手，立刻大張旗鼓，裝出要反攻的樣子。司馬懿以為諸葛亮其實沒死，而是給自己設下了埋伏，嚇得趕緊撤退。姜維他們這才安然無恙地撤回了漢中，正式為諸葛亮發喪。司馬懿後來才得知真相。當時百姓為此編了一句諺

語：「死諸葛嚇走活仲達（司馬懿的字）。」司馬懿聽到後，笑着説：「就算我能料到諸葛亮活着會怎麼做，也料不到他死後會怎麼做啊！」

諸葛亮去世的消息傳到成都，上至後主劉禪，下至蜀漢百姓，人人悲痛欲絕。按照諸葛亮的遺願，他被安葬在漢中的定軍山，那是他奮戰過的地方。諸葛亮生前曾上書説：「臣在成都有八百株桑樹、十五頃薄田，足夠家人子孫生活，其他甚麼都不需要了。等到臣去世的時候，一定不讓自己有多餘的財產，辜負陛下。」如今大家清理他的遺產，發現果然是這樣。

諸葛亮生前還對劉禪説過一句話：「臣願意為了國事勤勤懇懇、竭盡全力，到死為止。」而他這一生，也確實踐行了這種「鞠躬盡瘁，死而後已」的精神。

諸葛亮也是發明家

諸葛亮曾在弩的基礎上，設計製作出一種「元戎弩」，據說可以一次發射十支長八寸的鐵弩箭，這種弩因此被命名為「諸葛連弩」。據說他還發明過運輸糧草的工具「木牛流馬」。因為沒有找到實物，所以這些發明具體是甚麼樣子並不清楚，我們在博物館裏看到的，都是人們根據史書記載複製出來的。

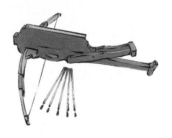

當時的世界

233 年，波斯薩珊王朝的國王阿爾達希爾一世率軍大敗貴霜帝國。貴霜帝國的領土從今天的塔吉克一直到裏海、阿富汗和印度河流域，曾與漢朝、羅馬、安息並列，但被波斯薩珊打敗後，從此衰落了下去。234 年，諸葛亮病逝。

司馬懿的智謀

裝病裝出的最後贏家 • • • • • • • • • • • • • • • • • •

大家大概都有過不想上學的時候吧？有沒有想過裝病逃學？希望大家不要這樣做。不過說到裝病，有一個人可是行家，他就是三國時期的司馬懿。

司馬懿可是個神人，論勇猛、論智謀，當時很多人都比他強，可有一樣長處誰都比不上他——能忍。之前和諸葛亮對戰，他就是靠着忍耐拖垮了對手，後來他更是憑着這份裝「縮頭烏龜」的本事，一直熬到魏、蜀、吳三家都歸了自己。

司馬懿年輕時是曹操的手下，為人很有心計。相傳他的長相有一個特點：轉頭比一般人轉得角度更大，幾乎能看到身後的情況，史書上將之稱作「狼顧」，形容他像狼一樣狡猾、多疑。

曹操雖然知道司馬懿有野心，但也很欣賞他的才能，就想讓他當官為自己做事。但司馬懿也知道曹操對自己不放心，便假裝癱瘓在牀。曹操不信，派手下夜裏到司馬懿家去偷偷觀察。手下觀察了一整夜，司馬懿果然一直躺在牀上一動不動，裝得惟妙惟肖。曹操聽說後，也不好再強迫，便打消了這個念頭。

不過，後來司馬懿還是出來當官了，在曹丕手下做事。曹操告誡曹丕：「司馬懿絕不肯安心當個臣子，早晚得摻和你的家事。」曹丕卻很欣賞司馬懿，總是維護他。司馬懿也知道曹操怎麼看自己，甚麼心眼都不敢動，整天任勞任怨地做事，讓曹操抓不到自己的把柄。

司馬懿就這樣熬過了曹操、曹丕、曹叡（ruì，粵音銳）三代人。那些年他也立過不少功勞，尤其是多次抵禦諸葛亮的北伐。這讓他在朝中的地位越來越高，權力越來越大。魏明帝曹叡臨終前，命他和另一位宗室重臣曹爽一起輔佐年幼的曹芳。可是曹叡去世後沒多久，司馬懿和曹爽就鬧起了矛盾，他們都想鏟除對方，好獨攬朝政。

　　當時，曹爽的勢力更大，他故意安排司馬懿去當太傅，也就是太子的老師。這個職位聽起來挺榮耀的，其實沒有實權。曹爽這樣做是為了奪走司馬懿的兵權。接下來，曹爽又提拔了很多心腹在朝中擔任重要職務。一時間，司馬懿就差被正式罷免，踢出朝廷了。

　　司馬懿當然明白曹爽的這些鬼把戲，但他仍然不動聲色，又使出裝病這個看家本領。他故意給魏少帝曹芳上書，說自己得了重病，沒法再當官，請求回家養病。曹爽不放心，正好有一個叫李勝的官員要被外派到荊州當官，曹爽就委託他去司馬懿家裏探望，並向司馬懿辭行，其實是想看看司馬懿到底是真病還是假病。

司馬懿這回演得更像了。他故意讓兩個婢女把自己攙扶出來，顫顫抖抖地想穿衣服，結果手一鬆，衣服滑落到地上了。司馬懿又指指自己的嘴，婢女給他捧上一碗粥，他也不接碗，直接伸長脖子就喝，邊喝邊漏，粥都流到胸口了。

李勝看司馬懿這個樣子，又是驚訝又是可憐，問他：「您當年多威風啊，如今怎麼成了這個樣子？」司馬懿上氣不接下氣地喘了半天，這才說：「我歲數大了，臥牀不起，活不了幾天了。你去并州當官，我們以後怕是見不上面了，我把兒子司馬師、司馬昭都託付給你了！」

李勝糾正他說：「我是去荊州，不是去并州。」司馬懿假裝沒聽清，還是「并州、并州」地嘮叨了半天。李勝挺感慨，回去跟曹爽說：「太傅已經病得很重了，好不起來了。」曹爽聽了徹底放下心來，可他哪知道司馬懿又是在裝病。

就這樣，司馬懿一邊麻痺曹爽，一邊暗地裏招募死士，結交有權勢的大臣，等待着把曹爽勢力一網打盡的時機。這天，曹爽和弟弟們跟着魏少帝曹芳前往洛陽郊外的高平陵祭拜魏明帝。司馬懿得到消息，病也不裝了，兔子一樣蹦下牀，手腳麻利地穿戴盔甲，風一樣跑到宮裏去見郭太后，請求她下詔罷免曹爽；又派手下佔領了洛水浮橋，關閉洛陽城的各處城門，接管了各處禁軍，很快把整座洛陽城控制住了。

曹爽得到消息，整個人都傻了。他做夢都沒想到，司馬懿這個眼看就要嚥氣的老頭子，居然還能有這一手。大臣桓範趕在司馬懿控制洛陽城之前逃了出來，他勸曹爽，乾脆把魏少帝曹芳控制住，帶他到許昌去，然後向天下發文告說司馬懿謀反，調集各地州郡的兵馬來圍攻洛陽。

曹爽這時還沒意識到司馬懿有多狠，他還心存僥倖，派手下去和司馬懿談判。司馬懿料到曹爽會這樣，他裝模作樣地指着洛水發誓，說朝廷只是免去曹爽的官職，只要他投降並交出權力，一定保留他的爵位，可以繼續過富貴生活。

聽了這番話，曹爽信以為真。桓範卻早知道司馬懿心有多黑、手有多狠，勸了他一整夜，曹爽還是不聽。桓範急壞了，大哭着說：「你父親曹真當年那樣英明，可他現在這幾個兒子，全是蠢豬！真沒想到，今天我會因為你們被滅族！」

桓範果然猜對了。曹爽剛一投降，司馬懿馬上翻了臉，以謀反的罪名把曹爽和其手下全部殺掉，一個個都滅了三族。從此以後，司馬懿獨攬了朝政。又過了幾年，司馬懿也死了，他的兩個兒子司馬師、司馬昭繼續先後在朝中專權，還廢掉了魏少帝曹芳，改立年少的曹髦（máo，粵音毛）為帝。這樣一來，曹魏政權名存實亡。

大發明家馬鈞

　　馬鈞是曹魏時期著名的發明家，他的許多發明都提高了生產效率。他曾經改進過織布機和一種叫「翻車」的水車，可以把水從低處引到高處。他還改造過諸葛亮的連弩，並還原製作了傳說中的指南車，這種車無論向哪個方向行駛，上面的指針都指向南方。

　　還有一次，有人向魏明帝進獻了一組表演雜技的木偶，馬鈞做了一個底盤，裏面又設計了水力機關，再把木偶安在上面，在水流的推動下，木偶就開始表演擲劍、走繩索、翻筋斗等各種動作。這叫「水轉百戲圖」。

當時的世界

　　249 年，「高平陵事變」。歐洲的古羅馬剛好建立一千週年。不過這時哥德人等所謂的「蠻族」在嚴重騷擾着他們，連羅馬皇帝菲利普都在和他們的戰鬥中陣亡，同年，德西烏斯成了新的羅馬皇帝。

姜維北伐

諸葛亮的接班人 ·

前面講過，諸葛亮積勞成疾去世後，大將姜維繼承了他的遺志，繼續北伐曹魏。

姜維和諸葛亮、關羽、張飛這些人不一樣，他本來是魏將，是天水太守馬遵的手下。諸葛亮第一次北伐時，曹魏的很多郡縣都向蜀漢投降了，當時馬遵一個人逃跑了。姜維本來也想跟着逃，可是周圍各城的守軍都怕他是諸葛亮的臥底，全都緊閉城門，誰也不肯讓他進城。姜維無路可退，只好真的向諸葛亮投降了。第一次北伐失敗後，姜維便跟着諸葛亮回到了蜀漢。

之後的很多年，姜維一直跟隨諸葛亮北伐，漸漸成了諸葛亮最器重的將領。姜維也一直很感激諸葛亮的知遇之恩。他剛到蜀漢時，母親仍然留在曹魏這邊。後來就有這麼一個故事，相傳姜維的母親給姜維寄了一封信，管他要「當歸」。姜維收到信後猶豫了很久，最後回信說：自己有了「遠志」，就不需要「當歸」了。「當歸」和「遠志」都是中藥，母親是想讓姜維歸來，姜維卻說自己有了志向，不願再回去了。

諸葛亮去世後，姜維接替他掌管蜀漢的軍隊，準備繼續北伐。可這時的蜀漢已經和劉備、諸葛亮在時不能比了，朝廷上下一片死氣沉沉，國力也越來越衰弱。為甚麼會這樣呢？其實問題都出在後主劉禪身上。

劉禪小的時候，父親劉備常年忙於打仗，顧不上管他。他即位後這麼多年，又一直是諸葛亮管理朝中事務，他從沒操過心，也沒拿過主意。如今劉備、諸葛亮都不在了，劉禪親自治理國家，頓時手足無措。這就像大家一直是在家聽父母的，在學校聽老師的，如今大人突然離開，讓你自己當家，你覺得你能做得好嗎？

劉禪就是這樣，甚麼國家大事、百姓生活、用兵打仗，他統統都不懂，更不用說繼承劉備、諸葛亮的遺志了。很快他就懶得再操心國事了，

而是整天吃喝玩樂。大臣們一看，皇帝都這樣，自己還忙活甚麼？一個個
也都開始混日子。姜維一提北伐，所有人都反對。後來每次姜維出兵，負
責後勤的費禕都要拖後腿，只肯給他不到一萬人的兵馬，費禕還振振有
詞：「當年諸葛丞相北伐那麼多次都失敗了，我們的才能遠不如丞相，北
伐甚麼啊？」

姜維就這樣頂着重重壓力開始了北伐。和當年諸葛亮遇上司馬懿一樣，曹魏這邊也有一位大將成了他的對手，這人就是鄧艾。鄧艾從小就有口吃的毛病，他特別喜歡兵法，每次看到高山、大河，都要在那裏勘察地形，結結巴巴地指給別人說，哪裏哪裏可以駐紮軍隊。別人都笑話他：「你説話都説不清楚，打甚麼仗啊？」他並不在意。後來鄧艾得到司馬懿的賞識，當上了將軍，成了姜維的對手。

　　司馬懿殺死曹爽那年，姜維趁機北伐。這是姜維和鄧艾第一次交手。當時姜維在隴西的曲山築了一座要塞作為基地，讓手下守城，自己則聯合附近的羌人一起進攻其他郡縣。鄧艾率兵圍困了曲城，姜維回去救援，在牛頭山被魏軍擋住。於是，他乾脆放棄曲城的部隊，直接撤兵了。

　　鄧艾的上司郭淮以為姜維就這麼退兵了，鄧艾卻搖搖頭：「姜維肯定走不遠，過不了多久就會回來。」郭淮將信將疑，讓鄧艾守在白水北岸，防備姜維反攻。果然，姜維三天之後就殺了回來，他派手下廖化在白水南岸紮營，看着像要和魏軍長期對峙一樣。

　　鄧艾又看出姜維的打算了，他對手下説：「現在我們兵力少，按常理，姜維應該直接過來打我們，可現在他按兵不動，肯定是在麻痺我們，他真正想打的其實是洮（táo，粵音桃）城。」這天夜裏，鄧艾就悄悄帶兵趕到洮城，第二天姜維果然來了。他一看鄧艾已經有了防備，只好又撤退了。這一仗，兩人算是打了個平手。

　　二十多年間，姜維一次次地北伐。《三國演義》裏説他是「九伐中原」，其實他前後北伐了十一次。和諸葛亮的北伐一樣，姜維也打了一些勝仗，但仍然沒讓曹魏遭受甚麼大的損失，更沒有改變曹魏強、蜀漢弱的局面。

　　大家該問了，既然北伐本來就沒法成功，姜維這一次次忙活是為了甚麼？其實姜維也有自己的苦衷。蜀漢本來就遠比曹魏弱，要是一直湊湊合合混下去，雙方的差距很容易越拉越大，到時候曹魏輕而易舉就能滅掉自己。只有隔三岔五地去進攻，才是最好的防禦。打個比方，就好像兩個拳擊手，一個強壯一個瘦弱，瘦弱的那個只有主動揮拳，才能逼對手一直忙着防禦，騰不出手來進攻自己，不然對方真一拳打過來，自己就該當場倒地了。

姜維的這番苦心，蜀漢卻沒甚麼人能理解。劉禪後來越來越不愛管事，把朝政大權一股腦兒塞給宦官黃皓，黃皓很快就把蜀漢搞得烏煙瘴氣。姜維請求劉禪殺掉黃皓，劉禪不肯。姜維知道，黃皓肯定會報復自己，為了避免遭陷害，他只好跑到一個叫沓（tà，粵音踏）中（今甘肅省舟曲縣西北）的地方去屯田，再也沒有回到成都。

這樣一來，姜維沒法繼續北伐，而蜀漢的末日也很快就要到來了。

造刀高手蒲元

　　三國時期，我國的冶鐵技術得到高速發展。《三國志》記載，諸葛亮曾命一個叫蒲元的人在漢中鑄造寶刀。

　　據說，蒲元用精湛的淬火技術打造出來的刀鋒利無比。蒲元讓人在竹筒裏裝滿鐵珠，用刀砍去，竹筒應聲而斷。姜維還為蒲元寫了兩篇傳記——《蒲元傳》和《蒲元別傳》。但是也有學者認為這兩篇文章並非出自姜維之手。

當時的世界

　　238年，姜維開始北伐。這時候的羅馬帝國是馬克西米努斯在位，他是第一位出身蠻族的羅馬皇帝。據說他身高有兩米多，用妻子的手鐲當戒指，力大無窮，能用雙手拖動馬車，人們給他起了個外號叫「野獸」。

蜀漢滅亡
高興到不想回家的後主 · · · · · · · · · · · · · · · · · ·

上個故事講到，姜維的北伐失敗了。緊接着，曹魏磨刀霍霍，準備反過來進攻蜀漢了。

這時候，曹魏的朝政大權都掌握在司馬昭手裏，他比父親司馬懿、哥哥司馬師還要囂張，年輕的皇帝曹髦非常痛恨他，説過一句很有名的話：「司馬昭之心，路人皆知。」意思是司馬昭篡權的野心，大街上的路人都知道。

為了從司馬昭手中奪回權力，曹髦召集了一羣忠於自己的衛士，和他們一起出宮去殺司馬昭，結果反而被司馬昭殺了。在這之後，司馬昭立了另一位小皇帝曹奐。這下朝中再沒人能和司馬昭對抗了，和當年的東漢朝廷一樣，魏國已經名存實亡了。

接着，司馬昭就開始攻打蜀漢。他派鄧艾、鍾會、諸葛緒率領三路大軍分頭攻打蜀漢。其中鄧艾這一路進攻的是沓中，正是姜維屯田的地方。兩個老對手又碰上了。

姜維得到魏軍進軍的消息後，趕緊給後主劉禪上書，請求他調兵支援。黃皓卻暗中搗亂不發兵，結果魏國大軍都到了，朝廷才匆匆忙忙派出援軍。姜維被鄧艾打敗，他聽說鍾會那一路攻進了漢中，只好退守到劍閣（今四川省劍閣縣北劍門關），和援軍會合。

劍閣地勢險要，鄧艾、鍾會怎麼也打不下來，反倒因為路途遙遠，糧草供應緊張了起來。鍾會向姜維招降，姜維根本不理他。就這樣拖了好久，鍾會沒辦法，只好準備撤軍。

鄧艾卻想再試試，他派手下在附近偵察了好久，發現陰平附近有一條小路可以繞過劍閣通向成都。只是這條小路既遙遠又崎嶇，大軍根本過不去，只能帶很少的兵力和糧草，而且只要蜀漢那邊有守軍，軍隊就會全軍覆沒，所以風險非常大。

可眼下沒有別的辦法，鄧艾決定冒一回險，親自率領幾千人出發了。這一路翻山越嶺算是常事，而且越往前走糧食也就越少，將士們一個個都很擔心，不知道自己還能不能走過去。只有鄧艾一直精神抖擻，不斷鼓勵大家。他知道成功的希望雖然渺茫，可是很多事只要堅持，還是有機會的。

後來他們遇到一處陡峭的山崖，將士們誰也不敢下去，鄧艾乾脆把毛毯往身上裹了好幾層，從山崖上滾了下去。

將士們看着鄧艾裹着厚毛毯咕嚕咕嚕滾到山崖下面後，一動也不動，心都提到喉嚨了。這時候只見毛毯突然動了一下，緊接着，鄧艾就從毛毯裏出來了。將士們見鄧艾還活着，一個個士氣大振，紛紛模仿鄧艾的樣子，裹着毛毯滾下山崖。

就這樣，鄧艾率領的幾千人的軍隊終於繞過了劍閣，一路殺到成都郊外。

後主劉禪聽說成都郊外突然來了一支魏軍，嚇得腿都軟了。本來，成都的兵力和糧草都很充足，而鄧艾的兵力卻很少，還趕了這麼遠的路，戰鬥力並不強，要是死守到底的話，完全能守住。可是劉禪長這麼大，從沒經歷過甚麼風浪，這時候早就嚇得沒了主意，只好乖乖地開城投降，鄧艾輕輕鬆鬆佔領了成都。劉備辛辛苦苦建立的蜀漢，就這麼被兒子輕而易舉地葬送了。

姜維這時候還在劍閣，他聽到鄧艾繞過劍閣的消息，頓時大吃一驚。緊接着，各種傳言又紛紛傳來：後主被魏軍殺害啦，後主逃到吳國啦，後主要往南撤退啦……

　　那時候沒有電話、網絡之類的通訊工具，消息不暢通，一個地方發生了甚麼事，經常要過好些天才能傳到別的地方。姜維也搞不清楚這些說法哪個是真的，哪個是假的，他急得不行，連忙帶着軍隊趕往成都。

　　趕到半路，姜維正好撞見後主派出來的使者，使者傳達了後主的命令：姜維必須放下武器，向鍾會投降。姜維這才知道後主向魏國投降了。這簡直比後主被殺還要糟糕，姜維和將士們又憤怒又傷心，許多人氣得拔出刀，往山石上猛砍。好不容易平靜下來後，姜維想出一個主意，表面上服從劉禪的命令，假裝去向鍾會投降，等待機會。

　　鍾會這時候正鬱悶呢。鄧艾拿下了成都，成了頭號功臣，自己和他一比就差遠了。現在姜維來投降，鍾會覺得這好歹也能算一份功勞，很熱情地接納了姜維。姜維看出鍾會有當皇帝的野心，故意為他忙前忙後出了不少力，還經常給他出主意。鍾會也越來越信任姜維，甚麼都聽他的。

　　沒過多久，鍾會和鄧艾的矛盾越來越深，先是鍾會誣陷鄧艾謀反，害得鄧艾被司馬昭派人抓了起來。緊接着，姜維一邊給鍾會出主意，讓他反叛曹魏，佔領成都，一邊聯繫之前蜀漢的將領到時候殺掉鍾會，恢復蜀漢。可是，沒想到魏軍將士根本不願意和他們一起謀反，反而搶先發動兵變把鍾會殺了，姜維也跟着被殺。姜維為蜀漢拚上了自己的一切，就連最後的死，也是和敵人同歸於盡。

　　蜀漢滅亡後，反倒是後主劉禪的結局最好。他和蜀漢的大臣們都被押解到了魏國，司馬昭沒怎麼為難他，封他為安樂公，待遇還不錯，整天就是吃喝玩樂，甚麼事都不用做。劉禪也真是沒心沒肺，過得還挺開心，一點都沒有亡國之君的苦惱。

　　有一次，司馬昭設宴招待劉禪，故意安排了蜀地的歌舞。很多先前的蜀漢大臣看了節目，都想起亡國的恥辱，一個個忍不住哽咽，只有劉禪看得津津有味。司馬昭假裝關心地問：「安樂公啊，你在魏國，想念不想念蜀地呢？」劉禪看歌舞看入迷了，隨口回答：「我在這很開心，不想念啊。」蜀漢大臣們聽了，都覺得後主丟了大家的臉，大臣郤（xì，粵音隙）

正偷偷地對劉禪說：「下次司馬昭再這麼問，您就哭着回答他：『父親的陵墓在蜀地，我天天想着要回去。』這樣他就會讓您回蜀地了。」

後來，司馬昭果然又問劉禪想不想回蜀地。劉禪照郤正教的那樣愁眉苦臉地說，自己整天都想回去，說着還假裝哭，可是擠了半天眼淚也沒擠出來。司馬昭笑了：「這話是郤正教你的吧？」劉禪傻眼了：「您怎麼知道的？」司馬昭說：「別人每次這麼問郤正，他都這麼回答。」話音剛落，身邊的曹魏大臣們哄堂大笑，劉禪的一張胖臉頓時紅了。

在這個故事裏，劉禪的表現當然很可笑。不過也有人認為，他只是在裝糊塗，用這種方式來表明自己構不成威脅，這樣才能逃過司馬昭的屠刀。但不管怎樣，劉禪還是留下了「樂不思蜀」的典故，人們後來經常用它來諷刺一個人胸無大志。

楷書鼻祖鍾繇

　　大家學習寫毛筆字，一般都是從楷書練起的。提到楷書，鍾會的父親鍾繇肯定是繞不過去的。秦朝統一後推行了小篆，後來人們又把小篆簡化為隸書，整個漢代都用這種字體，後來又演變出了楷書。到了三國時期，隸書向楷書演變已經接近完成。這時鍾繇獨創楷書書法，他的楷書剛柔兼備，點畫之間多有異趣。西晉時，學生學習書法，都以鍾繇的書法作為標準書體。鍾繇也因推動了楷書的發展，被公認為楷書的鼻祖。

當時的世界

　　260 年，羅馬帝國的皇帝加里恩努斯頒佈了把元老院與軍隊徹底分離的法令。263 年，鄧艾滅蜀漢。

三國歸晉

最後的勝利者 ·····················

　　蜀漢滅亡後，司馬昭被封為晉王，僅過了一年就去世了。他的兒子司馬炎繼承了王位。隨後，司馬炎就模仿當年曹丕逼迫漢獻帝的舊例，也逼迫魏元帝曹奐「禪讓」，自己當了皇帝，改國號為「晉」，歷史上稱為「西晉」。登上皇位後，司馬炎要做的第一件事就是消滅東吳，統一天下。

　　其實消滅東吳的計劃早就開始做準備了，其中大將羊祜有很大的功勞。當時他負責治理荊州，荊州和東吳接壤，算是前沿陣地。羊祜到任以後大力發展農業，組織士兵們屯田。他剛到荊州時，軍隊連供應一百天的糧食都很困難，後來儲存的糧食可以吃十年。

　　羊祜還很注重籠絡東吳的人心。每次和吳軍交戰，羊祜甚至預先和對方商量好交戰的時間，從不搞偷襲。羊祜的部隊路過東吳邊境時，有士兵從田裏收割稻穀當糧食，他規定必須要計算出價格後用絹來賠償。打獵的時候，羊祜也要求手下不許越過邊界。東吳軍來進攻，他手下如果殺死了東吳的將領，會把屍體歸還給他的家人；如果是生擒，乾脆就把對方放回去。羊祜的這些做法，讓東吳人十分敬佩，都尊稱他為「羊公」，還有好多東吳人主動來歸順。

　　經過了多年的準備，晉軍的實力越來越強，對面的東吳卻一天不如一天。當時東吳的皇帝叫孫皓，是孫權的孫子，他為人殘暴，經常對百姓用酷刑，百姓對他怨聲載道。羊祜覺得時機成熟了，便上書司馬炎建議伐吳，但是卻遭到了大臣們的反對，因此伐吳的事便耽擱了下來。

又過了幾年，羊祜生了重病，臨終前最牽掛的還是伐吳，於是他推薦大將杜預接替自己。他去世後，司馬炎非常傷心，親自穿着喪服痛哭，當時正是寒冬時節，司馬炎的淚水流到鬍鬚上都結成了冰。

羊祜死後，西晉朝廷終於開始伐吳了。他們兵分六路，其中五路都是從北向南進攻。大家肯定還記得，曹操、劉備之前都打過東吳，全都輸得很慘。東吳北上中原雖然打不贏，可他們打防禦戰卻從來沒輸過，關鍵在於有長江天險的保護。如今晉軍面臨的還是一個老問題：怎樣跨過這道天險？

好在這時候蜀地已經歸屬西晉，益州刺史王濬（jùn，粵音俊）統領的第六路晉軍，便可以從長江上游往下游進攻。王濬也是早就做好了準

備，他讓工匠們造了很多樓船。造船的過程中，有不少碎木片順着長江漂流到了吳國境內，建平太守吾彥發現後立刻警覺起來，他猜到晉軍在造船，造船又能做甚麼？肯定是要進攻東吳。吾彥急忙把自己的發現報告給孫皓，可孫皓根本不在意。

吾彥只好自己來做防守的準備。他派出工匠，在長江江面選定了一些險要位置，往江底打了很多粗大的木樁，再用鐵索把這些木樁連起來，又在江底插了許多一丈多高的鐵錐。這樣一來，晉軍的戰船駛到這裏，會被鐵索攔住，還會被鐵錐扎破船身，也就沒法繼續前進了。

吾彥部署得很周密，可還是王濬技高一籌。他讓士兵做了很多木筏，讓它們順流而下，等從鐵錐上面經過的時候，鐵錐就卡在木筏上，木筏繼續被水流推動，很快就像拔釘子那樣把這些鐵錐從江底拔了起來。王濬又讓手下造了更多的木筏，木筏上架起許多大火炬，然後把木筏拖到那些木樁旁邊，點燃火炬，火焰很快就燒着了木樁，鐵索也紛紛斷了。如此一來，晉軍的戰船就可以繼續前進了。

另一邊，杜預的大軍已經攻下了江陵，將士們都很興奮。有手下建議休息一段時間再進攻，杜預搖搖頭說：「現在軍隊士氣高漲，更應該一口氣打到建業。就好像劈竹子，只要把上面幾節劈開了，下面的竹節就很容易跟着裂開了。」這就是成語「勢如破竹」的來歷。

各路晉軍越來越逼近建業，孫皓派丞相張悌（ tì，粵音第）領兵抵抗，結果被打得大敗，張悌也戰死了。王濬的水軍快到建業城外的時候，孫皓又派大將張象去迎戰。吳軍士兵們一看，長江上都是晉軍的戰船，船上的士兵幾乎填滿了江面，密集的旌旗幾乎把整個天空都遮擋住了。吳軍將士們無心抵抗，直接投降了晉軍。孫皓又讓將軍陶濬率領最後兩萬吳軍去抵抗晉軍，結果，士兵們頭天夜裏就都紛紛逃散了。

這下，孫皓徹底沒辦法了。他只能反綁着雙手、拉着棺木，去向王濬投降。後來西晉朝廷慶功的時候，司馬炎舉起酒杯，流着淚說：「這是羊太傅的功勞啊！」

就這樣，三國時期分裂的局面，隨着東吳的滅亡徹底結束了。

長江上的「古代航空母艦」

晉軍士兵乘坐的樓船是古代的大型戰艦，這種船早在春秋時期的吳國就已出現，秦漢的水軍統帥也被稱為「樓船將軍」。樓船船身非常高大堅固，船艙裏能容納很多士兵，兩側的船舷開着很多小孔，船槳從裏面伸出來。甲板上又會蓋好幾層房屋，外面建起木牆用來擋箭，又開有箭眼用來放箭。船上還插着許多旗幡和兵器，遠遠看去好像水上的移動城堡一樣，非常壯觀。但這種船的問題在於重心不穩，如果水面風浪太大，有可能會翻船，所以一般只在內陸江河或者淺海裏航行。

當時的世界

276 年 4 月，羅馬皇帝克勞狄·塔西佗死於卡帕多奇亞。羅馬帝國隨即發生內戰，馬庫斯·普羅布斯戰勝弗洛里安努斯成為新皇帝。他打敗日耳曼人，收復了高盧，還趕走了法蘭克人和汪達爾人。但只過了六年，他就在 282 年夏天遭遇兵變，被士兵殺死。280年，晉滅吳，統一全國。

責任編輯　潘沛雯
裝幀設計　鄧佩儀
排　版　陳美連
印　務　劉漢舉

穿越中國五千年❹：東漢三國

歪歪兔童書館 ◎ 著繪

出版 | 中華教育

香港北角英皇道 499 號北角工業大廈 1 樓 B 室

電話：(852) 2137 2338　傳真：(852) 2713 8202

電子郵件：info@chunghwabook.com.hk

網址：http://www.chunghwabook.com.hk

發行 | 香港聯合書刊物流有限公司

香港新界荃灣德士古道 220-248 號荃灣工業中心 16 樓

電話：(852) 2150 2100　傳真：(852)2407 3062

電子郵件：info@suplogistics.com.hk

印刷 | 泰業印刷有限公司

香港新界大埔工業邨大貴街 11 至 13 號

版次 | 2024 年 3 月第 1 版第 1 次印刷

©2024 中華教育

規格 | 16 開（230mm x 170mm）

ISBN | 978-988-8861-33-0